Heike Wendler

Schutzengel haben nie Feierabend

Heike Wendler

Schutzengel haben nie Feierabend

Geschichten von himmlischen Helfern

benno

Bibliografische Information der Deutschen Nationalbibliothek
Die Deutsche Nationalbibliothek verzeichnet diese Publikation
in der Deutschen Nationalbibliografie;
detaillierte bibliografische Daten sind im Internet
unter http://dnb.d-nb.de abrufbar.

Besuchen Sie uns im Internet:
www.st-benno.de

Gern informieren wir Sie unverbindlich und aktuell
auch in unserem Newsletter zum Verlagsprogramm,
zu Neuerscheinungen und Aktionen.
Einfach anmelden unter www.st-benno.de.

ISBN 978-3-7462-4440-2

St. Benno Verlag GmbH, Leipzig
Umschlaggestaltung: Ulrike Vetter, Leipzig
Umschlagabbildung: © gudrun/Fotolia
Gesamtherstellung: Kontext, Lemsel (A)

Inhalt

EIN ENGEL AUF VIER RÄDERN
– 6 –

ENGEL FINDEN IMMER EINEN WEG
– 19 –

EIN ENGEL ZU WEIHNACHTEN
– 30 –

SIND SIE EIN ENGEL?
– 42 –

SCHUTZENGEL IM GEBIRGE
– 53 –

EIN SCHLECHTES GEFÜHL
– 63 –

MEIN SCHUTZENGEL SCHICKT MIR EINEN PUNK
– 72 –

Ein Engel auf vier Rädern

Als die Ampel kurz vor mir auf Rot sprang, unterdrückte ich nur mühsam ein Aufstöhnen und bremste ab. Es war die dritte in Folge. Und ich war noch nicht mal in der Nähe meines Ziels! Rote Welle statt grüner, ich hätte vor Wut ins Lenkrad beißen können. Es war ein grässlicher Tag im Büro gewesen, das Telefon hatte ohne Unterlass geklingelt, meine Assistentin hatte sich krank gemeldet und alle fünf Minuten stand jemand anderes in der Tür. Immer mit einem unaufschiebbaren Notfall und natürlich nur für ein oder zwei Minuten. Aus denen wurden dann schnell dreißig oder vierzig, der Tag war vorbei, ohne dass ich das Gefühl hatte, etwas geschafft zu haben. Dabei sollte ich etwas schaffen – ich leitete diese Werbeagentur schließlich! Unsere Kunden zahlten viel Geld, ich selbst wurde auch nach Erfolg bezahlt und den hatte ich. Nur auf Tage wie diese konnte ich gut verzichten.

Ich war auf dem Weg ins Fitnessstudio, doch auf der Straße setzte sich das Drama fort – ich kam keinen Meter voran! Offenbar hatten sich sogar die Ampeln gegen mich verschworen. Nur noch fünf weitere lagen vor mir, tröstete ich mich. Bald, so motivierte ich mich, konnte ich mir wenigstens den Sandsack vornehmen und ihn windelweich prügeln. Eigentlich wollte ich ja zum Spinningkurs, wo ich jede Woche zu harten Beats in die Pedalen trat, bis mir der Schweiß in Strömen herabrann. Dabei vergaß ich einfach alles. Doch heute sollte es nicht sein, heute stand ich an jeder einzelnen, verflixten Ampel dieser Stadt. Der Kurs würde ohne mich beginnen. Als die Ampel endlich umsprang, verabschiedete sich der Motor meines Vordermannes, ich hätte schreien können. Endlich war die Kreuzung frei. Da mir nun auch noch der Magen knurrte, fuhr ich vielleicht etwas aggressiver als sonst. Frustriert und ungeduldig, wie ich war, bog ich zu früh ab und fand mich in einem allgemein gefürchteten Labyrinth von Einbahnstraßen wieder, das der Verkehrsberuhigung in Wohnvierteln dienen sollte. Allerdings nicht der meiner Nerven, denn nun verlor ich eine weitere Viertelstunde. Und natürlich war an der nächsten Kreuzung wieder Rot. Während ich gereizt mit den Fingern auf dem Lenkrad trommelte, sah ich eine Person am Straßenrand stehen, die mir irgendwie bekannt vorkam. Aber wie sah die denn wieder aus? Ich schüttelte den Kopf. Warum brachte dem Mädel nicht mal jemand bei, wie man sich ordentlich anzog? Sagte ihre Mutter gar nichts dazu? Während ich noch über den Aufzug des Mädchens staunte, versuchte ich mich an ihren Namen zu erinnern. Schuster? Schubert? Schumann? Es fiel mir nicht ein, und ich starrte weiter aus dem Fenster, die Ampel fest im Blick. Doch mehr als zwei Autos schafften es nicht, nach links abzubiegen bevor wieder Rot wurde. Ich schaute wieder zu dem Mädchen. Wann immer ich sie sah, trug sie einen Minirock, der bestenfalls die Breite eines Hüftgürtels besaß, dazu Absatzschuhe, von deren Anblick mir allein die Füße schmerzten. Gesund war das ganz sicher nicht, weder der knappe Rock bei der Kälte, noch die hohen Hacken. Ich musste es wissen, denn ich hatte so etwas früher auch getragen, wenngleich nicht jeden Tag und schon gar nicht bei solchem Pflaster. Wie alt mochte sie sein, überlegte ich. Siebzehn? Achtzehn? Sie wohnte im Nachbarhaus, einem abgewirtschafteten Block aus den späten Siebzigern, dem einzigen nicht-sanierten Haus in der Nachbarschaft. Die Mieten waren günstig und die Mieter eher am unteren Ende der sozialen Leiter angesiedelt. Sicher lebten sie hauptsächlich von Sozialleistungen aller Art. Dieses Mädchen, mein Verstand weigerte sich einfach sie als junge Frau zu bezeichnen, vielleicht weil ihre Gesichtszüge mir noch so kindlich erschienen, wohnte dort mit ihrer Mutter und mindestens drei oder vier Geschwistern. Sie war mir schon öfter aufgefallen. Vor allem, weil ihr Outfit den Anschein erweckte, als wäre sie auf dem direktem Weg zum Straßenstrich. Wie hieß sie doch gleich? Verflixt, ich kam einfach nicht darauf. Dabei hatte mir meine achtzehnjährige Tochter ihn neulich erst gesagt. Warum hatte sie gleich noch mal mit ihr geredet? Auch das fiel mir nicht mehr ein. Oder hatte ich gar nicht danach gefragt? Das ungute Gefühl in meiner Magengegend, das ich bei zu viel Alltagsstress verspürte, wurde heftiger. Ich vergaß neuerdings ziemlich viel. Dabei wurde ich nächsten Monat erst Fünfzig. Und keiner meiner Mitarbeiter wollte das glauben. Die meisten dachten, mein Vierzigster stünde vor der Tür. Doch um optisch dieses Ergebnis zu erzielen, war seit Jahren ein steigender Aufwand nötig; die abendlichen Fahrten ins Fitnessstudio waren ein Teil davon. Andere, weniger eitle Menschen machten es sich da deutlich einfacher.

Dann schaltete die Ampel um – endlich! Ich gab Gas und hatte das Mädchen aus dem Nachbarhaus schon wieder vergessen. Ich brauste los, nahm die nächste Ampel noch mit, obwohl sie bereits orangegelb war, und stoppte wenig später vor dem Fitnessstudio. Endlich, ich war angekommen! Ich hätte losjubeln können, verkniff es mir dann aber. Was für ein Tag aber auch! Entschlossen sprang ich aus dem Wagen, schnappte mir meine Sporttasche, stürzte auf die Tür zu – und kam nicht weiter! Ein großes Blatt Papier prangte an der Eingangstür: „Ab 18:00 Uhr aus technischen Gründen geschlossen – Wir danken für Ihr Verständnis!"

Ich las das Schild einmal, dann noch einmal und sogar noch ein drittes Mal, aber Verständnis stellte sich bei mir nicht ein. Während ich langsam aber sicher feuchte Haare bekam und der kalte Wind mir um die Ohren pfiff, fasste ich einen Entschluss. Ich hatte genug für heute! Ich würde jetzt nach Hause fahren. Gesundheitsbewusstsein hin, Kalorien und Fettverbrennung her

> Wenn ein Kind stolpert,
> hält ein guter Engel seine Hand hin.
> Jüdische Weisheit

– ich würde mir eine Pizza in den Ofen schmeißen und mir dann ein schönes, heißes Bad gönnen!
Seufzend marschierte ich zu meinem Wagen zurück und fuhr los, der Schneeregen wurde dichter. Ich nahm den Weg außen herum, noch mehr rote Ampeln vertrugen meine Nerven heute weiß Gott nicht. Ich bog gerade auf die Landstraße ein, als es zu hageln begann. Fast im gleichen Moment sah ich eine junge Frau an der Bushaltestelle stehen – und stutzte. Das war doch

... na klar. Diese Schumacher, Schubert oder so ähnlich. Plötzlich fiel mir wenigstens ihr Vorname wieder ein: Peggy! Ja, Peggy, das hatte Sophie, meine Tochter, mir gesagt. Hinter mir fuhr weit und breit kein Wagen, dafür war die Gegend stockfinster. Und der kleine Stadtwald, an dessen östlichem Ende die Straße entlang führte, machte um diese Uhrzeit auch keinen vertrauenerweckenden Eindruck. Bei diesem Wetter jagte man nicht mal einen Hund vor die Tür. Die Kleine musste in ihrem lächerlichen Aufzug furchtbar frieren. Fast schon automatisch stoppte ich. Egal ob sie mir sympathisch war oder nicht, hier einfach stehen lassen, konnte ich sie jedenfalls nicht. Wie zur Bestätigung rutschte ich im gleichen Moment von der Kupplung. Prompt ging der Wagen aus. Ich sah es als Zeichen und fuhr das Fenster auf der Beifahrerseite herunter.
„Ich bin Sophies Mutter, komm, steig ein!", forderte ich sie auf. Sie sah mich mit großen, rehbraunen Augen an und stieg zögernd ein. „Danke", murmelte sie. Ich bemerkte, wie sie mich unauffällig von der Seite musterte. Mehr als ein „Guten Tag" hatten wir bislang nicht gewechselt.
Die Stille wurde langsam peinlich, zudem hatte ich das Gefühl, ich müsse ihr mein Handeln erklären.
„Ich wollte gerade nach Hause und hab dich da draußen stehen sehen. Und angesichts des Wetters ...", ich wies auf den Hagel, der nun immer heftiger gegen die Windschutzscheibe prasselte. Doch eigentlich wollte ich damit nur davon ablenken, dass ich nicht weiterwusste. Ich starrte nach vorn auf die Straße, während Peggy neben mir saß und nichts sagte. Ihr Blick schien sich hinter den dicken Hagelwolken verfangen zu haben, sie wirkte irgendwie entrückt.
„Sag mal, Drogen nimmst du aber nicht, oder?", entfuhr es mir eine Spur zu heftig. Sie zuckte zusammen und ich bereute meine Worte sofort.
„Nein, natürlich nicht!", stammelte sie. „Das habe ich noch nie probiert!"

Nun musterte ich sie unauffällig. Sie sah zwar für meinen Geschmack irgendwie seltsam aus, eine merkwürdige Mischung aus fehlendem Geschmack, billigem Make-up und nicht vorhandenem gesunden Menschenverstand, aber ihr Gesichtsausdruck war ehrlich irritiert. Trotz des Aufzugs, der anderes suggerierte, schien sie eher schüchtern zu sein. Das überraschte mich. Sie lächelte zaghaft. Ich lächelte zurück. Wir schwiegen immer noch, was mir von Sekunde zu Sekunde unangenehmer wurde. Also stellte ich das Radio an. Einen Klassiksender, der mich, so die Hypothese meiner Yogalehrerin, nach einem stressigen Tag mental wieder erden sollte. Nun ja, es gelang nur höchst selten, aber ich blieb tapfer dran.

„Oh, Liszt", sagte Peggy zu meiner Verblüffung. „Zweite Ungarische Rhapsodie."

„Du magst Klassik?", fragte ich verblüfft.

„Sehr", sagte sie und lächelte mich schüchtern an. „Ich habe ein paar Klassik-CDs."

Verblüfft schaute ich zu ihr rüber. „Wirklich? Meist dröhnt aus eurem Haus nur so was wie Heavy Metal!"

Peggy grinste. „Das ist Hip-Hop, aber ja, die meisten mögen das lieber. Deshalb benutze ich Kopfhörer!"

„Damit die anderen keine Klassik hören müssen oder du von der Krawallmusik nicht gestört wirst?", entfuhr es mir. Ihr verschrecktes Gesicht machte mir sofort ein schlechtes Gewissen.

„Sorry", murmelte ich und ärgerte mich im gleichen Moment über mich selbst. Entschuldigte ich mich etwa jetzt schon bei diesem Mädchen?

„Kein Problem", sagte sie leise. „Ich weiß doch, was in dem Haus abgeht. Und Klassik ist da echt ein bisschen exotisch!"

Um keine lange Pause entstehen zu lassen, fragte ich einfach drauflos.

„Wo kommst du denn jetzt eigentlich her? Ist ja schon spät – dazu das Wetter?"

Halt, sagte ich mir, sie war schließlich nicht meine Tochter, doch sie antwortete mir bereitwillig.
„Kennen Sie Staden?", fragte sie.
„Den Stadtteil?", fragte ich zurück. Peggy nickte.
„Ja, aber ich bin da nicht so oft!", gab ich zu. Dunkel erinnerte ich mich daran, wie ich vor einigen Jahren in der Gegend mal ein Gartencenter gesucht hatte. Außer Wohnblocks, Industrieanlagen und gleich zwei Autobahnabfahrten gab es da nicht viel.
„An der Autobahnabfahrt ist ein McDonalds, dort arbeite ich!"
Ich war perplex. Ich hatte dem Mädchen ja viel zugetraut, aber einen richtigen Job nicht.
„Na ja, Hamburger verkneife ich mir wegen der Figur meistens!", gab ich zu. „Aber ab und zu mag ich das schon recht gerne! Zur Schule gehst du nicht mehr, oder?", fragte ich und erinnerte mich dunkel daran, dass Sophie mal erwähnt hatte, dass diese Peggy nach der zehnten Klasse abgegangen war.
„Nein, leider nicht!", sagte sie. Das ‚leider' registrierte ich durchaus.
„Was für eine Art von Job machst du denn da?", wollte ich wissen.
„Jeder macht alles", erklärte sie. „Wir wechseln je nach Bedarf. Küche, Verkauf, Drive-in, Vorräte auffüllen, Putzen."
„Die bezahlen doch aber schlecht, habe ich gehört. Und die Arbeitsbedingungen sollen auch nicht gerade paradiesisch sein", sagte ich.
„Naja, Mindestlohn eben", sagte sie. „Aber so schlecht ist der Job gar nicht. Es ist ja nur für jetzt."
„Was hast du denn für Karrierepläne?", fragte ich in einem möglichst ernsten Tonfall. Ihre Bereitschaft, auch schlecht bezahlte Arbeiten zu verrichten, verdiente Anerkennung, keinen Sarkasmus, maßregelte ich mich selbst. Predige ich das nicht immer meiner Tochter?
„Ich will Musiklehrerin werden", sagte Peggy mit fester Stimme. Das klang nicht zweifelnd oder zögernd, sondern sehr entschlos-

sen. Sie lächelte. Etwas schüchtern, aber optimistisch. Dann schien sie noch etwas sagen zu wollen, überlegte es sich aber im letzten Moment anders.
„Ja?", ermutigte ich sie.
„Und ich gebe auch was von meinem Geld daheim ab", erklärte sie.
„Das ist sehr anständig von dir", lobte ich. Dieses Mädchen überraschte mich immer mehr. Sie musste doch mitbekommen, worin ihr hart verdientes Geld investiert wurde! Sie schien doch durchaus intelligent! Mehrmals in der Woche konnte man ihre Mutter mit Taschen voll klirrender Flaschen aus dem Supermarkt kommen sehen. Peggy schien meine Gedanken zu ahnen.
„Ich weiß, was Sie denken", sagte sie und ihre Stimme nahm einen bitteren Unterton an. „Das Gleiche, das alle denken, wenn sie meine Familie sehen. Dass wir alle faul und asozial sind. Doch das stimmt nicht! Ich habe zwar sieben Geschwister, doch zwei davon sind längst ausgezogen und aus denen ist echt was geworden. Mein großer Bruder ist Zeitsoldat bei der Bundeswehr, er war sogar schon in Afghanistan. Und meine älteste Schwester ist Krankenschwester!"
„Und die anderen sind alle jünger als du, stimmt's?", fragte ich. Sie hatte mich durchschaut, wie unangenehm!
„Ja, die anderen fünf sind jünger. Ich bin zwar nach der zehnten Klasse abgegangen, aber ich will ihnen trotzdem ein Vorbild sein. Deshalb mache ich ja auch die Abendschule!"
„Abendschule?", hakte ich überrascht nach.
„Ja, drei Mal in der Woche gehe ich an die Volkshochschule und mache dort das Abitur nach. Sonst kann ich nicht studieren! Und das Geld dafür verdiene ich mir eben bei McDonalds!"
„Und was sagen deine Eltern dazu?", fragte ich. „Dann hättest du doch gleich aufs Gymnasium gehen können!"
Peggy schüttelte den Klopf und ich sah, wie ihr Gesichtsausdruck versteinerte.

„Mein Vater hatte einen Arbeitsunfall auf dem Bau, er fiel von einem Gerüst und hat sich die Wirbelsäule so verletzt, dass er jetzt Frührentner ist und ständig Schmerzen hat, Tag und Nacht. Leider betäubt er seinen Schmerz mit Alkohol, das können Mama und ich nicht verhindern! Mama geht ein paar Stunden putzen, weil sie ihren Beruf als Friseurin wegen einer Allergie nicht mehr ausüben kann. Besonders Mama unterstützt mich, wo sie kann, aber ihre Möglichkeiten sind eben begrenzt. Ich bin von der Schule abgegangen, nachdem klar war, dass Papa nicht mehr wird arbeiten können. Stütze wollen meine Eltern nicht beantragen, es muss auch so gehen!"

Vor Überraschung hätte ich fast die Einfahrt zu unserem Viertel übersehen. Meine Güte, so konnte man sich also täuschen, wer hätte das gedacht! Aber nun wurde mir auch so einiges klar! Beide Elternteile waren mehr oder weniger krank und vermutlich reichte auch das Geld hinten und vorne nicht. Deshalb sprang die Tochter ein, die dafür ihren Traum vom Musikstudium hintenan stellte.

Als hätte sie meine Gedanken gelesen, sagte Peggy: „Ich wünschte, meine Eltern könnten mal verreisen und wenn es nur für ein paar Tage wäre. Damit sie mal rauskommen, etwas anderes sehen. Aber das ist natürlich nicht drin, vor allem nicht bei den hohen Energiekosten. Und dann ist da ja auch noch Goliath!"

Stimmt, der Hund, fiel mir ein.

„Was, ist der auch krank?", fragte ich und rechnete mit einem Lachen. Doch Peggy wurde ganz ernst.

„Ja, leider!", flüsterte sie und ich sah, dass sie plötzlich mit dem Tränen kämpfte.

„Er hat einen Nierenschaden und braucht spezielles Diätfutter! Dafür reicht es oft nicht. Deshalb mache ich manchmal auch Doppelschichten."

Ich konnte gar nicht verhindern, dass sich mir das Herz zu-

Der Fremde, das ist der Mensch,
hinter dem sich ein Engel verbergen könnte –
falls man ihn bei sich aufnimmt.

Marc Chagall

sammenzog. Unwillkürlich musste ich an Sophie denken, wie verzweifelt sie damals war, als ihr kleiner weißer Zwerghase an einem Magengeschwür starb. Das Mädel neben mir hatte offenbar niemanden, der sich ihrer Sorgen mal annahm. Auf einmal tat sie mir furchtbar leid. Es war eine Mischung aus Scham und Mitgefühl, die mich veranlasste, ihr meine Hilfe anzubieten.
„Mein Bruder ist Tierarzt, der kann sich den Hund ja mal ansehen. Kostenlos versteht sich. Und Spezialfutter kannst du von ihm auch bekommen, er kriegt sowas immer wieder von Vertretern aufgedrängt!"
Peggy sah mich mit großen Augen an. „Ehrlich?", fragte sie ungläubig.
„Klar!", bestätigte ich ihr und konnte selbst kaum fassen, dass

zwölf Kilometer durch die Stadt und ein Hagelsturm ausgereicht hatten, meine Meinung über diese Familie nahezu vollständig zu ändern. Auch wenn ein kleiner Teil von mir weiter dachte, dass ihre Eltern es sich ein bisschen sehr einfach machten, alles auf Peggy abzuwälzen. Doch stopp, bremste ich mich! Ich war schon wieder dabei, meinen Vorurteilen freien Lauf zu lassen, auch wenn ich damit eben erst Schiffbruch erlitten hatte!
Dann waren wir auch schon da.
„Und Sie helfen Goliath wirklich?", fragte Peggy schüchtern nach, als ich sie vor ihrem Wohnhaus absetzte.
„Natürlich!", versicherte ich ihr. „Ich rufe meinen Bruder gleich morgen an und mache einen Termin für Samstagvormittag aus. Da ist die Praxis geschlossen. Oder musst du da arbeiten?"
Peggy schüttelte den Kopf. „Nein, Samstag habe ich Spätschicht!"
Ich überlegte einen Wimpernschlag lang, ob ich ihr angesichts der Spätschicht am Samstag nicht doch noch sagen sollte, wie unmöglich ihr Outfit war. Doch ich ließ es. Das Mädel hatte wirklich weitaus größere Probleme. Doch die Signale, die sie mit ihrer Kleidung aussendete, beunruhigten mich. Meine Tochter hätte ich so nicht aus dem Haus gelassen! Ich würde sie Samstagvormittag ansprechen, nahm ich mir vor.
Sehr nachdenklich und ziemlich beschämt fuhr ich den Wagen auf meinen Stellplatz. Alles, was ich jetzt noch brauchte, war ein heißes Bad. An meine schlechte Laune nach der Arbeit, die vielen roten Ampeln und das geschlossene Fitnessstudio dachte ich schon gar nicht mehr.

Der Hagel legte sich über Nacht, dafür fing es an zu schneien. Ich ließ mir Zeit mit dem Frühstück und genehmigte mir nicht nur eine zweite Tasse Kaffee, sondern sogar den Luxus, daheim richtig zu frühstücken. Sophie war ganz überrascht. Spontan erzählte ich ihr von meiner Begegnung mit Peggy.

„Nee, Mama, lass das mal lieber mit deinen Styling-Tipps!", lachte sie. „Ich mach das am Samstag lieber selber mit der Peggy aus. Du kannst uns ja zu Onkel Torsten fahren! Ich wollte ihn sowieso noch wegen dem Praktikum fragen!"

Schön, ich gab mich geschlagen. Und machte, dass ich ins Büro kam. Zum Glück empfing mich meine Assistentin bereits mit einem Kaffee.

„Na? Wieder fit?", fragte ich sie.

Sie nickte. „Ja, tut mir echt leid wegen gestern – Migräne!"

„Hauptsache Sie sind wieder einsatzbereit!", freute ich mich. Dieser Tag, so meine Vorahnung, würde nicht halb so grauenhaft werden wie der gestrige. Und ich behielt Recht: Ich schlug mich nur mit dem ganz normalen Wahnsinn einer Werbeagentur herum, nichts Besonderes also.

Um ein Drama wie am Vortag zu vermeiden, achtete ich auf einen pünktlichen Feierabend und schaffte sogar noch den Yogakurs um sechs. Eine Meisterleistung, die mir so seit gut zwei Jahren nicht mehr gelungen war. Auf dem Heimweg sah ich niemanden am Straßenrand stehen, offensichtlich fuhr der Bus heute pünktlich. Punkt acht zur Tagesschau ließ ich mich in meinen Lieblingssessel plumpsen, gönnte mir einen Cappuccino und griff nach der Tageszeitung. Ein Blick auf die Titelseite jagte mir dann jedoch einen eiskalten Schauer über den Rücken: Am Tag zuvor, so der Bericht, war ein ausgebrochener, verurteilter Sexualstraftäter gefasst worden. Und zwar ganz in der Nähe jener Stelle, an der ich Peggy am Vorabend aufgegabelt hatte. Mir wurde ganz übel und ich ließ die Zeitung sinken.

Eine Verkettung von glücklichen Umständen hatte dafür gesorgt, dass ich sie aufgesammelt hatte. Ich dachte an meinen Widerwillen, sie mitzunehmen. Doch das Abwürgen des Motors war mir wie ein Zeichen erschienen.

„Das ist unheimlich", stellte sogar Sophie fest, die mich mit der Zeitung auf dem Schoß sitzen sah.

„Das war heute Mittag schon Gesprächsthema in der Schule! Sie haben noch mal allen gesagt, dass kein Mädchen allein per Anhalter fahren soll. Wir sollen lieber daheim anrufen!"
Insgeheim dankte ich der Klassenlehrerin! In dem Moment klingelte es an der Tür. Draußen stand Peggy.
„Entschuldigung, aber ich habe jetzt erst Schluss! Ich wollte Ihnen noch was vorbeibringen!"
Sie reichte mir ein lecker duftendes Paket. Ich wusste gar nicht, was ich vor Schreck sagen sollte! Dann deutete sie auf die Zeitung, die ich unbewusst mit zur Tür genommen hatte.
„Sie haben es also auch gelesen", sagte sie. „Ich bekomme noch nachträglich eine Panikattacke, wenn ich mir vorstelle, was hätte passieren können, wenn Sie nicht angehalten hätten. Jedenfalls wollte ich mich dafür bedanken. Ich glaube, Sie waren gestern mein Schutzengel", sagte sie, drehte sich um und ging die Treppen hinab, während ich sprachlos zurückblieb.
„Na, dass du ein Engel bist, wissen wir doch!" Sophie zog mich in die Wohnung zurück und nahm mir das immer noch warme Paket aus der Hand. „Hm, lecker! Krieg ich was ab?", fragte sie und machte sich am Papier zu schaffen. Eine Antwort wartete sie nicht ab, aber war geteiltes Kalorienleid nicht ohnehin halbes?

Engel finden immer einen Weg

„Wie wäre es mit einem kleinen Verdauungsspaziergang?", fragte Annette Bormann ihre Nichte. Sie waren gerade mit dem Kaffeetrinken fertig und Clara wischte sich noch schnell die Krümel von den Fingern.

„Deine Kekse, Tante Annette, göttlich, ehrlich! Ich nehme davon bestimmt wieder ein Kilo zu, aber widerstehen kann ich nie! Noch einen – dann können wir los!"

Die Vorstellung, an diesem windigen Sonntagnachmittag Ende Oktober hinaus in die Kälte zu müssen, behagte Clara zwar nicht sonderlich, doch ihre Tante liebte Spaziergänge und sie liebte ihre Tante, da tat sie ihr den Gefallen gerne. Außerdem schadete es ihrer Figur garantiert nicht. Sie schlang sich ihren dicken Schal um den Hals, dann hakte sie sich bei ihrer Tante unter. „Dann mal los!"

Als sie den Feldweg hinter dem kleinen Dorf erreicht hatten, in dem Annette Bormann wohnte, seufzte Clara hörbar auf.

„Tristesse?", fragte ihre Tante. Und dann, als hätte sie die melancholische Anwandlung ihrer Nichte erfasst und aufgegriffen, begann sie zu rezitieren:

„Gewaltig endet so das Jahr.
Mit goldnem Wein und Frucht der Gärten.
Rund schweigen Wälder wunderbar
Und sind des Einsamen Gefährten.

Das ist von Georg Trakl", fuhr sie fort. „Die Dichter aller Zeiten haben sich dieser Stimmung angenommen, die wir heute ganz unprosaisch als Winterdepression bezeichnen."

Eine Weile hing Clara noch ihren trüben Gedanken nach und ließ den Blick über die kahlen Felder schweifen, dann riss sie sich zusammen. Die Worte hallten noch in ihr nach, vor allem das Wort „einsam" hämmerte ihr in den Ohren. Doch so schnell wie diese Stimmung bei Clara aufgekommen war, so schnell war sie auch schon wieder vorbei. Vor allem, als Annette sie auf ihr Lieblingsthema ansprach: „Wie geht es denn beruflich?"

Clara liebte ihre Arbeit als Schmuckdesignerin über alles, darin ging sie auf. Oft saß sie ganze Nächte in ihrer kleinen Werkstatt und entwarf, modellierte und fasste Steine ein. „Es macht unheimlich viel Spaß, ich kann mich kreativ ausleben und sehe am Ende des Tages vor allem ein Ergebnis. Das ist schon anders, als Papier von A nach B schieben!", schwärmte sie.

„Dass dir deine Arbeit Freude macht, ist das Wichtigste!", bestätigte auch Annette. „Viel zu viele Menschen quälen sich jeden Tag in ihre Büros und Läden und machen halbherzig eine Arbeit, die sie nicht ausstehen können, weil sie Geld verdienen müssen. Du weißt gar nicht, wie gut du es hast, dass du etwas tun kannst, was dir wirklich liegt."

Clara musste ihrer Tante in dieser Hinsicht Recht geben. Und die Erkenntnis, wie privilegiert sie sich fühlen konnte, hob ihre Stimmung enorm. Jedoch nur kurz, denn Annette war in Plauderlaune, wie Clara schnell feststellte. Und das hieß bei ihrer Patentante stets auch eine Reihe unangenehmer Fragen.

„Und?", fragte Annette auch schon weiter. „Wie sieht's privat aus? Schließlich ist nicht jede Frau eine geborene Junggesellin wie ich, die sich allein am wohlsten fühlt und den Begriff Einsamkeit nur aus Romanen kennt", sagte sie lachend.

Zeitlebens hatte Clara den Eindruck gehabt, dass ihre Tante eine überaus glückliche und rundum mit ihrem Leben zufriedene Person war, die sich ihrem Beruf als Bibliothekarin und später Leiterin der Stadtbibliothek verschrieben hatte. In ihrer Freizeit gab sie noch Kurse an der Volkshochschule.

Alles Sichtbare auf dieser Welt
steh unter dem Schutz eines Engels.

Augustinus von Canterbury

„Vielleicht bin ich dir in dieser Hinsicht sehr ähnlich", sagte Clara unverbindlich. Das Thema gefiel ihr nicht, deshalb vermied sie auch, die Tante direkt anzuschauen.
„Das glaube ich nicht", widersprach Annette lächelnd und strich Clara sanft über den Arm. „Ich bin sicher, dass du eine Menge Verehrer hast. Oder hast du vor lauter kreativen Einfällen die letzten Monate nicht in den Spiegel geschaut?"
Clara wurde rot und schluckte. Dass Annette die Dinge aber auch

immer so deutlich beim Namen nennen musste! Klar wusste sie, dass sie sich nicht verstecken musste, aber als Schönheit hatte sie sich nie gesehen. Anders als Annette, die nun begann, Claras äußere Vorzüge detailliert aufzuzählen: „Nur falls du es vergessen hast, mein Schatz, mit deinen langen Haaren kannst du Schneewittchen Konkurrenz machen! Und mit deinem Teint und den Augen übrigens auch! Du weißt schon, dass andere Frauen täglich Stunden investieren, um ihr Make-up am Ende so hinzubekommen, dass sie aussehen wie du von Natur aus? Ehrlich, du bist zu beneiden! Du stehst früh auf – und fertig! Da kannst du mir nicht erzählen, bei dir würden die Männer nicht Schlange stehen!"

„Na ja, Schlange stehen ja nun nicht gerade!", schmunzelte Clara. Annette nickte ihr aufmunternd zu. „Los, da ist doch was!", sagte sie. „Raus mit der Sprache!"

Clara seufzte. „Okay, ich fühle mich gerade zwischen zwei tollen Männern hin und her gerissen! Ich gehe sogar abwechselnd mit beiden aus. Ich mag sie eben beide. Jeden auf seine Art. Es ist grauenhaft, ich bin grauenhaft – vor allem aber ist es furchtbar peinlich, denn ich kann mich einfach nicht für einen entscheiden! Und mit jemandem darüber sprechen, außer mit dir, würde ich auch nie!"

Annette verkniff sich ein Grinsen. Sie kannte die hohen moralischen Standards ihrer Nichte. Es war einfach nicht Claras Art, jemandem etwas vorzumachen. Nachvollziehbar, fand Annette, dass ihr das eigene Verhalten peinlich war.

„Und die beiden wissen voneinander?", fragte sie.

„Nein. Natürlich nicht!", widersprach Clara sofort und wurde knallrot.

„Und du kannst die Aufmerksamkeit von den beiden nicht wirklich genießen, weil du dich irgendwie unwohl fühlst bei der Sache?", hakte Annette vorsichtig nach.

„Genau!", gab Clara zu. „Aber furchtbar bedrückt fühle ich mich auch nicht. Eher unsicher. Es ist eben so, dass beide bereit sind, den nächsten Schritt zu tun, und ich im Grunde auch, nur weiß ich nicht, mit wem von den beiden. Wenn nur einer von ihnen existieren würde, wäre es einfacher, wobei, eigentlich hätte ich lieber sowas wie eine Kombination aus den beiden."

„Das wäre dann der dritte", stellte ihre Tante trocken fest. „Glaub mir, du willst keinen dritten! Eigentlich willst du nur einen: den Richtigen!"

Sie hatten den Waldrand erreicht und kehrten um. Über der Silhouette des Dorfs ging gerade die Sonne unter. Ein zauberhafter und melancholischer Anblick zugleich, fand Clara.

„Los, erzähle mir was über die zwei!", verlangte Annette. Clara überlegte einen Moment, dann begann sie mit Claas Wolters, der Pilot war, ein feuriger, romantischer Typ, der immer irgendwelche ausgefallenen Ideen hatte, wohin er sie einladen und was sie zusammen tun konnten. Jeder Abend, den sie zusammen verbrachten, war ein Abenteuer. Er schleppte sie von Opernpremieren zu Vernissagen; lud sie in schicke Restaurants und Bars ein.

„Neulich hat er sogar eine Privatmaschine gechartert und wir sind übers Wochenende nach Paris geflogen!", berichtete Clara. „Kannst du dir das vorstellen? Unglaublich dekadent, was?"

„Klingt aufregend", sagte Annette. „Und Nummer zwei?"

„Bernd Hagen", sagte Clara und beschrieb den jungen Bauingenieur. „Er ist nicht gerade sehr extrovertiert", erklärte sie. „Eher ruhig, aber sehr, sehr aufmerksam. Ein guter Zuhörer, der nie ein Detail vergisst. Ein Familienmensch, der mich als zukünftige Mutter seiner Kinder sieht. Das ist aber auch der Grund, warum ich mir nicht sicher bin, ob ich das will", brachte Clara ihre Zweifel auf den Punkt. „Ich bin siebenundzwanzig! Und er plant mit mir praktisch schon unsere goldene Hochzeit! Dabei sind wir noch nicht mal verlobt. Ich habe das Gefühl, als wolle er mir keinen Ring an den Finger stecken, sondern eine Fußfessel anlegen!"

„Wie alt ist er denn?", hakte Annette vorsichtig nach.
„Mitte dreißig!", sagte Clara.
„Für einen Mann das perfekte Alter, um eine Familie zu gründen!", stellte Annette fest. „Er scheint es sehr ernst zu meinen. Und du fürchtest, dass er dich zu sehr einengt?"
Clara nickte. Ihre Tante verstand sie. Endlich jemand, der ahnte, wie es in ihr aussah.
„Claas ist nicht so oberflächlich, wie es jetzt vielleicht klang!", sagte Clara. „Er kann auch gut zuhören und ist super-intelligent. Er interessiert sich für tausend Dinge! Er sammelt Silberbroschen aus der viktorianischen Zeit, kannst du dir das vorstellen? Eine Fundgrube, gerade für mich!", lachte sie.
„Nur ein Familienmensch ist er nicht gerade, oder?", wandte Annette ein.
Clara zuckte die Schultern. „Ehrlich? Ich weiß es nicht!" Die Ratlosigkeit stand Clara ins Gesicht geschrieben. Sie überlegte einen Moment. „Ich fürchte, er ist es nicht!", sagte sie dann. „Mit ihm könnte ich mich verwirklichen, alles Mögliche erleben und so. Aber mit einem Baby im Arm kann ich ihn mir nicht vorstellen!"
„Und du?", fragte Annette und sah ihr fest in die Augen. „Wie steht's mit dir? Kannst du dir vorstellen, dich fest zu binden? Siehst du dich selbst denn mit einem Baby im Arm?"
Clara zuckte ratlos die Schultern.
„Das solltest du gut wissen, bevor du eine Entscheidung triffst!", gab Annette zu bedenken.
„Du hast ja Recht!", gab Clara zu.
„Dann nimm den Piloten und genieße dein Leben und jedes der Abenteuer, die er dir bietet!"
„Das wäre eine Möglichkeit! Es ist nur so ...", druckste sie und schaute zu Boden.
„Ja?", hakte Annette nach.
„Ich weiß eben nicht, was ich will! Irgendwie alles zusammen,

obwohl das natürlich Blödsinn ist! Vom Verstand her ist mir das auch alles klar."
„Und was sagt dir dein Instinkt?", fragte Annette.
„Entweder gar nichts oder alle fünf Minuten was anderes!", schnaubte Clara. „Wenig hilfreich!"

Damit war das Thema zunächst abgeschlossen. Umso mehr erstaunte es Clara, als sie wenige Tage später einen Brief von ihrer Tante erhielt. Warum rief sie nicht einfach an?
„Liebe Clara", stand da in ausdrucksvollen, eleganten Lettern. „Nach unserem Gespräch habe ich mich daran erinnert, dass es einer guten Freundin von mir früher auch mal so ging. Offenbar haben junge Frauen zu allen Zeiten das gleiche Problem wie du: Sie können sich nicht zwischen ihren Verehrern entscheiden!"
Clara schmunzelte und las neugierig weiter: „Deshalb zogen sie eine Art Orakel zu Rate. Am 4. Dezember, dem Gedenktag der heiligen Barbara, schnitten sie Zweige von Obstbäumen oder Sträuchern, z. B. Haselnuss oder Forsythien, und arrangierten sie in einer Vase. Daraufhin wiesen sie jedem Zweig den Namen eines Verehrers zu; der Mann, dessen symbolische Knospen zuerst aufgingen, war der Richtige!" Nun musste Clara richtig lachen. Sie stellte sie bildlich vor, dass sie die Zweige des Strauches abends liebevoll Claas oder Bernd nannte! Doch noch war sie nicht am Schluss des Briefes angekommen. Clara las weiter: „Ich dachte mir, du möchtest es vielleicht versuchen. Falls nichts dabei herauskommt, hast du immer noch eine hübsche Dekoration für Weihnachten. Übrigens, der Volksglaube sagt auch, wenn die Zweige genau am Weihnachtsmorgen aufgehen, bringt das Glück für das ganze nächste Jahr. Ich wünsche dir jedenfalls eine glückliche Hand bei der Auswahl. Alles Liebe, deine Tante Annette!"
Nachdem Clara den Brief ein zweites Mal gelesen hatte, ge-

stand sie sich ein, dass sie die Idee eigentlich gar nicht mal so schlecht fand.

„Hilfst du mir beim Zweigeschneiden?", fragte sie Annette am Abend, als sie sich für den Brief bedankte.

„Natürlich!", erwiderte ihre Tante.

Und so kam es, dass Clara und ihre Tante am vierten Dezember einen Tag Urlaub nahmen. Sie planten einen ausgedehnten Brunch, anschließend schnitten sie die Zweige. Annette liebte lange Spaziergänge, sie kannte jeden Baum und jeden Strauch in der Umgebung und wusste genau, welche sich am besten eigneten, während Clara sich selbst gern als botanischen Analphabeten bezeichnete. Schmuck war ihr Ding, einen Aquamarin von einem Blautopas zu unterscheiden für sie ein Kinderspiel. Nur mit Buchen, Eichen und Ebereschen hatte sie es nicht so. Das waren ihre böhmischen Dörfer. Mit Annette jedenfalls hatte sie beim Zweigeschneiden einen Heidenspaß.

„Kirschzweige sind ideal", erklärte Tante Annette, als sie an einem nicht ganz so großen Baum ankamen. Clara hätte diesen nie und nimmer als Kirschbaum identifiziert, das gab sie auch unumwunden zu.

„Man kann nicht alles wissen!", lächelte Annette und kramte eine Gartenschere aus ihrer Tasche. Sie wählte ein paar Äste aus, die sie dann sorgfältig abschnitt und Clara reichte.

„Du stellst sie in eine Bodenvase, natürlich mit Wasser, und markierst dir zwei der Zweige mit je einem Zettel oder farbigen Band, so dass du weißt, welcher Zweig zu wem gehört. Und derjenige, der zuerst blüht, ist es."

Clara hielt sich exakt an Annettes Erklärung und stellte die Zweige daheim in eine hohe Bodenvase direkt unters Fensterbrett im Wohnzimmer. An die beiden größten Zweige hängte sie je einen Zettel. Auf dem einen stand „Claas", auf dem anderen „Bernd". Dann ging sie schlafen. Am nächsten Morgen war sie schon fast enttäuscht, als sie merkte, dass sich rein gar nichts an den Zweigen verändert hatte.

„So schnell geht das doch nicht!", mahnte ihre Tante zur Geduld.

In den nächsten Tagen änderte sich nichts an Claras Situation. Sowohl Claas als auch Bernd riefen sie regelmäßig an, Clara ging mit beiden abwechselnd aus und freute sich über Komplimente und Blumen. Und jeden Abend wanderten ihre Blicke zu ihren Barbarazweigen. Doch die Zweige grünten nicht, sie blühten nicht, sie zeigten keinerlei Veränderung. Aber viel Zeit, sich darüber den Kopf zu zerbrechen, blieb Clara gar nicht. Die Zeit vor Weihnachten war Hochsaison für die Schmuckbranche, und so musste sie jeden Abend und auch an den Samstagen arbeiten, um alle Aufträge zu erfüllen. Daher sagte sie die meisten Einladungen ab. Selbst Claas und Bernd mussten sich gedulden, denn Clara hatte ihnen klar gemacht, wie wichtig ihr ihre Arbeit war. Das hatte sogar Bernd verstanden. „Es muss wunderbar sein sich vorzustellen, dass an Heiligabend viele deiner Kreationen verschenkt werden und für glückliche Gesichter sorgen!", schwärmte er. Während Claas ihr zur Entspannung nicht nur einen Präsentkorb schickte, sondern eine Karte für eine Opernaufführung im Januar dazu. „Damit du etwas hast, auf das du dich freuen kannst!", stand dabei. So unterschiedlich die beiden auch waren, so unterschiedlich reagierten sie eben, resümierte Clara. Und konzentrierte sich auf ihre Arbeit.

Am Tag vor Heiligabend besorgte Clara eine Tanne als Weihnachtsbaum und holte die Kartons mit der Baumdekoration vom Dachboden. Während sie den Baum schmückte, lauschte sie internationalen Weihnachtsliedern, genoss eine heiße Schokolade, die mit der Zeit immer kälter wurde, und knabberte die Plätzchen. Clara war mit ihrem Ergebnis zufrieden. Der Christbaum sah reizend aus, nachdem der ganze Schmuck an Ort und Stelle war. Nur ein kleiner, lächelnder Engel mit Holzkopf und leicht verdrückten silbernen Pappflügeln, der ein Gewand aus weißer Spitze trug, bei dem der Saum abgerissen war, wollte sich mit seinem Platz partout nicht zufriedengeben, immer wieder fiel er ab, solange bis Clara ihn auf einem der hinteren Äste platzierte.

Dann war Heiligabend. Clara gönnte sich ein ausgiebiges Frühstück. Dann hörte sie den Anrufbeantworter ab. Sowohl Claas wie auch Bernd wünschten ihr ein frohes Fest und versicherten ihr, wie sehr sie sie vermissten und dass sie hofften, bald von ihr zu hören.

Plötzlich fielen Clara die Barbarazweige wieder ein, die nun von ihrem opulenten Weihnachtsbaum verdeckt wurden. Die letzten Tage waren besonders hektisch gewesen, da hatte sie sie keines Blickes mehr gewürdigt. Zu ihrer großen Verblüffung sah Clara, dass tatsächlich einer der beiden Zweige angefangen hatte zu blühen. Am anderen jedoch hing der kleine Engel, der eigentlich auf ihren Baum gehörte. Er musste während der Nacht vom Zweig gerutscht sein.

„Wie kommst du denn hierher?", murmelte Clara verwirrt. Als sie die Hand nach dem Zettel ausstreckte, der an dem blühenden Zweig befestigt war, klopfte ihr das Herz bis zum Hals.

Da stand es, in ihrer eigenen akkuraten Handschrift: Claas.

Sie kniff die Augen zu. Nein, dachte sie. Das kann nicht sein. Der flippige, unkonventionelle Claas, der als Pilot zu völlig unregelmäßigen Zeiten in der Weltgeschichte herumflog, tagelang, manchmal eine ganze Woche, weg war. Und der so voller Energie war, dass er ständig etwas unternehmen musste! Nichts war ihm genug, sein Erlebnisdrang kannte keine Grenzen. Er brauchte keine Ruhe, Erschöpfung gab es für ihn nicht. Im Gegensatz zu ihr. Nach der anstrengenden und arbeitsreichen Vorweihnachtszeit fühlte Clara sich fast schon ausgelaugt, als hätte ihr jemand die Energie abgezogen. Unwillkürlich dachte sie auch an die Karte für die Oper. Ja, das war Claas. Genauso lebte er. Nur, wollte sie das wirklich immer genau so haben? Sie erinnerte sich an die Tage und Abende, die sie zusammen verbracht hatten. Claas' Aufmerksamkeit war wie eine Springflut, die sich in den ganzen Raum ergoss; er war wie Quecksilber, wechselte blitzschnell die Konversationsthemen. Gut, er war auch anderweitig atemberaubend, aber plötzlich ging ihr auf, dass sie in zehn, zwanzig oder noch mehr Jahren noch immer atemlos hinter ihm herhasten würde, und das unverheiratet und kinderlos. Nein, auf einmal war ihr völlig klar, dass sie nicht mit Claas leben wollte.

Also Bernd? Claras Herz klopfte, als sie den kleinen Engel vom Zweig pflückte. Clara ließ ihre Verabredungen mit Bernd Revue passieren. Er war ruhig und hörte ihr aufmerksam zu, was er offenbar genoss. Solide war das Wort, das perfekt auf ihn passte. Sicher würde es auch für ihn Überstunden und Wochenendarbeit geben, aber dennoch würde er abends heimkommen. Für ihn stand fest, dass er heiraten und Vater werden wollte. Er war kein bisschen quecksilbrig, er war ... ein Fels in der Brandung, der in sich selbst ruhte. Mit ihm alt werden – plötzlich war das für Clara gut vorstellbar.

„Ja", sagte sie zu dem kleinen Engel in ihrer Hand. „Das ist es. Ich will Bernd und keinen anderen!" Die Entscheidung fühlte sich absolut richtig an. „Danke – mein kleiner Engel! Ohne dich hätte ich wohl ganz schön falsch gelegen!"

Dann rief Clara ihre Tante an und erzählte ihr alles.

„Aber zumindest bin ich jetzt absolut sicher, was ich will!", schloss sie ihren Bericht. „Der Engel hat Recht!" Dieser lag jetzt vor ihr auf dem Couchtisch.

„Sie es mal so", sagte Annette. „Das Orakel hat sein Bestes getan, aber sich eben geirrt. Engel irren sich nicht so leicht, sie finden immer einen Weg!"

Ein Engel zu Weihnachten

„Freitag ist schlecht", erklärte Evelyn Röhmer ihrer Schwester am Telefon. „Ich komme so gut wie nie vor zwanzig Uhr aus dem Geschäft."

„Ich weiß", erwiderte Angela Franke mit leicht zynischem Unterton, den ihre Schwester durchaus registrierte. „Ohne dich bricht der Betrieb natürlich zusammen! Aber Spaß beiseite, Lukas und Marie wünschen sich einfach sehr, dass du bei ihrer Weihnachtsaufführung im Publikum sitzt. Du bist schließlich ihre Tante", setzte sie nach einer Pause mit einem leicht vorwurfsvollen Unterton hinzu.

Evelyn schloss die Augen und atmete hörbar durch. Angela war wie eine Klette, was Familienbande anging. Die beiden hatten keine weiteren Geschwister, und Matthias, Angelas Ehemann, war ein Einzelkind, zudem war sie, Evelyn, die Ältere. Seit dem Unfalltod der Eltern vor gut zehn Jahren suchte Angela den Kontakt zu ihr noch intensiver, registrierte Evelyn. Da Angela keine Ruhe gab und nun sogar aufzuzählen begann, wie viele Geburtstage, Schulaufführungen und Feste sie in den letzten drei Jahren bei den beiden versäumt hatte, lenkte Evelyn ein.

„Na gut", stimmte sie zu. „Ehe du noch weiter ausholst, sage den beiden, ich freue mich!"

„Du bist ein Schatz! Ich wusste, dass sie dir viel bedeuten", verabschiedete sie Angela.

Evelyn legte die Stirn in Falten und schob sich nebenbei ein Fertiggericht in die Mikrowelle. Für sich selbst kochte sie kaum. Zudem war es bereits nach einundzwanzig Uhr. Ihr Magen rumorte. Seit dem Croissant auf dem Weg ins Geschäft am Morgen hatte sie nichts mehr gegessen.

Die nächsten Tage verliefen so hektisch, dass Evelyn kaum zum Luftholen kam, geschweige denn zu tieferem Nachdenken über ihre latente Abneigung gegen die bevorstehende Weihnachtsaufführung. Als Geschäftsführerin eines großen Kaufhauses war sie von frühmorgens bis spätabends auf Trab. Den Gedanken an die im Januar bevorstehende Inventur verdrängte sie noch tapfer, jetzt waren erst einmal die vorweihnachtlichen Großkampftage angesagt, an denen Heerscharen von Kaufwilligen auf der Suche nach dem ultimativen Geschenk ihr Haus stürmten. Natürlich wollten alle dabei auch noch ein Schnäppchen machen, versuchten sogar mit ihren Verkäufern zu feilschen wie auf einem türkischen Basar. Doch am schlimmsten waren die Unsicheren. Sie meinten es mit Sicherheit wirklich gut, raubten ihr und allen anderen Angestellten aber den letzten Nerv, weil sie sich alles Mögliche zeigen ließen und jede noch so gut gemeinte Idee verwarfen. Vielleicht waren es die fünfundzwanzig Jahre im Handel, die sie hatten so zynisch werden lassen. Alle meinten, mit großen Geschenken an den paar Feiertagen des Jahres ihre Defizite in Sachen Aufmerksamkeit, Nähe und Zeit wieder gutmachen zu können. Sie selbst nahm sich da nicht aus. Natürlich bekam Lukas seine Playstation und Marie das heißersehnte iPad. Ihre Schwester stand finanziell zwar auch nicht schlecht da, konnte sich aber nicht mit Evelyn vergleichen. Und auch wenn Evelyn ahnte, dass manche ihrer Geschenke für die Kinder viel zu teuer waren, so stimmte sie auf diese Weise die Familie gnädig. Kein Wunder, dass die Kinder, Lukas war zwölf, Marie wurde im Frühjahr schon vierzehn, sie für die beste Tante der Welt hielten. Sie verwechselten teure Geschenke mit echtem Interesse und Evelyn konnte ihnen da nicht mal einen Vorwurf machen, denn genau das lag durchaus in ihrer Absicht. Zudem fielen Millionen andere auf die gleiche Masche herein. Die weihnachtliche Geschenkverpackung hatte der Internethändler, bei dem Evelyn die beiden Geräte geordert hatte,

An manchen Tagen fliegen unsere Schutzengel so hoch,
dass wir sie nicht mehr sehen können,
aber sie verlieren uns niemals aus den Augen.

Jean Paul

sogar gratis angeboten – so musste Evelyn sich nicht einmal hier noch bemühen. Für ihre Schwester hatte sie ein Abo für das neue Spa erworben, ihr Schwager, ein begeisterter Heimwerker, bekam einen Geschenkgutschein für einen Baumarkt. Somit war alles bedacht und vorbereitet.

Eine Woche später, am Sonntag, begutachtete Evelyn die neuesten Dekoraktionsvorschläge für die Zeit nach Weihnachten an ihrem Computer daheim. Im Fernseher liefen die Nachrichten. Evelyn hörte zwar nur mit halbem Ohr zu, aber das reichte schon aus.
Hier ein Krieg, dort ein Krieg, Terroranschläge, Amokläufe, Morde, tödliche Unfälle durch betrunkene Fahrer. Einer davon war in

eine Bushaltestelle gerast. Vier Tote, sechs Schwerverletzte. Die Größen der internationalen Politik hatten ein Gipfeltreffen anberaumt und auch das Ozonloch wurde ständig größer. Fassungslos starrte Evelyn in den Fernseher und überlegte, ob sich der Chefredakteur dieser Nachrichtensendung eigentlich mal selbst die Mühe gemacht hatte, all die Toten zu zählen, von denen gerade berichtet wurde. Auf einmal fiel ihr ihre Großmutter wieder ein. Oft hatte sie nicht vom Krieg und all dem Leid, das sie in dem Zusammenhang erlebt hatte, erzählt, doch ein Spruch hallte Evelyn heute noch in den Ohren: „Auch der bitterste Feind hat eine Mutter, die ihn unter Schmerzen auf die Welt gebracht hat!" Der Gedanke an all die Mütter der Toten machte sie traurig. Mit der Kaffeetasse in der Hand starrte sie eine ganze Weile in den Fernseher, der inzwischen schon Skispringer und Rodler auf dem Siegertreppchen zeigte. Dann griff sie entschlossen zur Fernbedienung und schaltete ab. Was war nur mit ihr los? Sie war doch sonst nicht so sentimental!

Dann kam der Tag der Weihnachtsaufführung und Evelyn saß pünktlich neben Schwester und Schwager in der zweiten Reihe. Angela und Matthias platzten fast vor Stolz. Evelyn zwang sich zu lächeln. Und natürlich bestanden Schwester und Schwager darauf, dass Evelyn hinterher noch mit zu ihnen kam. Ihren Einwand, dass sie daheim noch eine Menge Arbeit zu erledigen hatte, wischten sie beiseite.
„Ich mache mir wirklich Sorgen um dich!", sagte Angela halb scherzend und halb tadelnd. „Du arbeitest zu viel! Ein Privatleben hast du kaum! Nicht, dass du irgendwann noch an Burn-out erkrankst! Weißt du, es gibt noch ein paar andere Dinge im Leben außer Karriere und Erfolg. Die Familie zum Beispiel! Und wir sind deine Familie, wir sind für dich da!"
Evelyn zwang sich zu lächeln und die überschwänglichen Dankesbekundungen von Nichte und Neffe zu ertragen.

Am Morgen des Heiligen Abends fuhr Evelyn in den Supermarkt. Vor lauter Arbeit war sie in den vergangenen Tagen weder zum Einkaufen gekommen, noch dazu, sich über die bevorstehenden Feiertage groß Gedanken zu machen. Ihr vager Plan sah vor, dass sie Liegengebliebenes aufarbeitete. Und sie wollte kochen – nur für sich. Nicht unbedingt, weil Weihnachten war, sondern eher, weil sie sich diesen Luxus im Alltag aus Zeitgründen nicht gönnte. Im Grunde kochte sie recht gern. Am liebsten mit frischen Zutaten. Es war noch früh am Morgen, sehr früh, der Supermarkt war gerade erst geöffnet worden. Nur wenige Leute waren um diese Zeit unterwegs. Es wehte ein laues Lüftchen, es schien, als würde sogar das Wetter Weihnachten ignorieren. Die Temperaturanzeige in Evelyns Wagen zeigte jedenfalls stolze neun Grad plus. Im Supermarkt drehte Evelyn ausgiebig ihre Runden. An der Kasse war kein einziger Kunde vor ihr. Dann verstaute sie ihren Einkauf im Kofferraum. Direkt neben dem Parkplatz war ein Weihnachtsbaumverkäufer gerade dabei, seine Zelte für dieses Jahr abzubrechen. Er stellte die drei kleinen Bäumchen, die so mickrig waren, dass sie keiner haben wollte, an den Stacheldrahtzaun und begann denselben vom anderen Ende her einzurollen. Als die Bäume ihm im Weg waren, nickte er einer älteren Dame, die offenbar die ganze Zeit bereits gewartet hatte zu. Evelyn war sie eben erst aufgefallen.
„Wenn Sie wollen, können Sie die gern mitnehmen!", rief er ihr zu. „Die verkaufe ich jetzt auch nicht mehr! Außerdem will ich heim!"
Evelyns Blick wanderte zum Nummernschild seines Anhängers, bis Bayern war es ein gutes Stück, stellte sie fest. Die alte Dame hatte sich indes der mickrigen Bäumchen angenommen. Auch wenn sie nicht die Größten waren, leicht waren sie sicher nicht. Unschlüssig blieb Evelyn stehen. Die alte Dame war einen guten Kopf kleiner als sie, dazu mindestens dreißig Jahre älter, sie schätzte sie so auf siebzig. Zudem war sie ziemlich zart. Wo

auch immer sie die Dinger hin haben wollte, Evelyn bezweifelte, dass ihr das ohne Hilfe gelingen würde. Sie wusste selbst nicht, warum sie sich nicht einfach hinters Steuer setzte und losfuhr. Vielleicht lag es daran, dass niemand anderes in der Nähe war, der seine Hilfe hätte anbieten können. Die alte Dame hielt sich tapfer, versuchte, die Bäume irgendwie zu fassen zu bekommen, doch die sträubten sich. Und der Tannenbaumverkäufer war eifrig damit beschäftigt, einzupacken. Als ob er Evelyns missbilligenden Blick gespürt hätte, er war schließlich ein großer, starker Mann.

„Nein, sorry, ich will heim. Ich hab Familie!", rief er ihr zu und nickte der alten Dame freundlich zu. „Wirklich, ich würde Ihnen ja helfen, aber dann verliere ich mindestens eine Stunde!"

„Ich schaffe das schon!", versicherte sie ihm keuchend. Evelyn schüttelt den Kopf. Erst als sich ihre Beine fast von selbst in Bewegung setzten, stutzte sie kurz. Was tat sie hier eigentlich? Sie war doch sonst niemand, der sich anderen aufdrängte? Unwillig schob sie den Gedanken beiseite, nein, von Aufdrängen konnte hier ja nun wirklich keine Rede sein. Die alte Dame würde diese Weihnachtskrücken nie heil nach Hause kriegen. Und nur weil sie kein riesiger Weihnachtsfan war, konnte sie nicht zusehen, wie die Frau sich dermaßen abmühte. Zudem war sie, auch wenn sie es nie offen zugegeben hätte, schon ein bisschen neugierig, was eine Frau in ihrem Alter mit diesen drei scheußlichen Bäumen wollte. Vielleicht reichte ihre schmale Rente nicht für einen richtigen Baum.

„Warten Sie!", rief Evelyn ihr zu. „Ich helfe Ihnen! Das schaffen Sie doch gar nicht allein!"

Die alte Dame strahlte sie an. „Sie schickt der Himmel, Kindchen! Wenn Sie vielleicht einen nehmen und ihn mit zur Bushaltestelle tragen könnten?"

Evelyn schluckte. Die Dame wollte mit den Bäumen noch Bus fahren?

„Das mit dem Bus ist doch viel zu umständlich. Ich kann Sie rasch fahren", schlug Evelyn vor. Die alte Dame strahlte sie so offen an, dass ihr fast die Luft wegblieb. Evelyns Stimme klang auch in ihren eigenen Ohren deutlich weniger autoritär als sonst.

„Ich bin Hanna!", sagte die alte Dame und streckte Evelyn die Hand entgegen. Ihr Händedruck war entschieden kräftiger, als Evelyn vermutet hätte. „Ich bin wirklich froh, mein Kind, dass du mir hilfst. Ich hoffe, ich verderbe dir nicht den ganzen Vormittag!"

Evelyn packte einen Baum mit der rechten, den anderen mit der linken Hand, dann marschierte sie damit Richtung Wagen zurück. „Hier entlang!", sagte sie und packte die drei Bäumchen so sorgsam wie möglich in den Kofferraum. „Wo soll es denn hingehen?", fragte sie.

„In die Brunnenstraße!", sagte Hanna und schnallte sich an. Sie genoss die Fahrt in Evelyns neuem Mercedes sichtlich.

„Du hast wirklich ein schönes Auto!", lobte sie. „Und dass du dir nicht zu schade bist, die Bäume zu transportieren! Danke, mein Kind!"

Evelyn spürte den Kloß in ihrem Hals erneut. Was bei anderen irgendwie gestelzt geklungen hätte, wirkte bei Hanna ganz natürlich. Sie meinte, was sie sagte. Und sie strahlte sie so voller Dankbarkeit an, dass Evelyn ganz seltsam zumute wurde. Sie fuhr sie doch nur nach Hause, das war doch nun wirklich keine große Sache. Obwohl sie sich über die Adresse schon etwas wunderte. Die Brunnenstraße lag mitten in der Stadt, zwischen der Alten Mühle und dem Rathaus. Dort gab es, soweit Evelyn wusste, keine Mietshäuser. Nur irgendwelche städtischen Einrichtungen waren dort untergebracht. Als sie in die Brunnenstraße einbog, sah sie sich in ihrer Meinung bestätigt.

„Da drüben bitte, Kindchen!", sagte Hanna und im gleichen Moment fiel Evelyn nicht nur auf, dass sie vor einer Suppenküche hielten, sondern auch, dass Hanna sie womöglich deshalb ständig Kindchen nannte, weil sie ihr ihren Namen nicht gesagt hatte.

„Evelyn", sagte sie. „Ich heiße übrigens Evelyn!"

„Ein schöner Name! Hilfst du mir vielleicht noch reintragen, Evelyn?"

Evelyn nickte. „Klar. Hier rein?" Sie deutete auf die Suppenküche. Hanna nickte.

„Ja, ich helfe dort aus und habe angeboten, einen Baum zu besorgen. Ich habe keine Familie, aber ich will auch nicht alleine sein, noch etwas Sinnvolles tun, da kann ich gut für die armen Menschen kochen. Ich habe früher mal in einem Restaurant gearbeitet!", erzählte sie Evelyn, die währenddessen die Weihnachtsbäume aus dem Kofferraum holte.

Sie durchquerten eine Art Foyer. Aus einem großen Raum drang ihnen Stimmengewirr entgegen und hinter einer Tür hörte man Geschirrklappern. Eine stämmige Frau um die fünfzig kam aus der Küche und eilte der alten Frau entgegen.

„Oh, seht nur, Hanna hat wirklich noch einen Baum aufgetrieben!", rief sie und nahm Evelyn einen der Bäume ab. „Und Verstärkung hast du auch gleich mitgebracht?", fragte sie schelmisch mit einem freundlichen Blick auf Evelyn.

„Oh, Evelyn hat der Himmel geschickt!", sprudelte es aus Hanna heraus. „Sie war so nett, mich in ihrem Auto mitzunehmen. Das hat mir das Warten auf den Bus erspart. Ich bin so dankbar!"

Während Hanna und die andere Frau sich unterhielten, umklammerte Evelyn immer noch einen der Bäume. Der Raum, in dem sie sich befanden, war festlich geschmückt. Ihr Blick wanderte über die bereits gedeckten Tische, bis hin zu der Sternendekoration, die an zwei wackeligen Haken befestigt war. Aus der Küche drang leises Geklapper.

„Die meisten, die herkommen, sind keine Obdachlosen!", er-

klärte Hanna und folgte Evelyns Blick. „Es sind Leute mit wenig Geld oder vom Rand der Gesellschaft. Manche sind auch einfach nur einsam und allein, wieder andere wollen niemandem von der Familie eingestehen, dass sie sich ein teures Fest gar nicht leisten können. Weißt du, jeder hat so viele Gründe herzukommen, aber danach fragen wir nicht. Wir wollen nur jedem, der es nötig hat, die Chance auf Gemeinschaft an diesem besonderen Tag geben!"
„Nicht jeder ist religiös, nicht alle möchten zu einer Kirchgemeinde gehören!", ergänzte die andere Dame, die sich nun als Elfriede vorstellte. „Ich bin schon achtundsiebzig!", erzählte sie Evelyn stolz. „Daheim warten mein Mann, drei Töchter, zwei Schwiegersöhne, vier Enkel mit ihren Familien und sogar ein Urenkel auf mich. Aber die müssen warten. Bis wir hier fertig sind. Mal sehen, vielleicht kommt Herbert nachher sogar noch vorbei!"
Ihr Alter sah man der agilen Frau keine Sekunde lang an. Evelyns Respekt vor den beiden alten Damen wuchs.
„Sag mal!", fasste sich Elfriede als erste ein Herz, nachdem sie mehrere stumme Blicke mit Hanna getauscht hatte, „Du hast nicht zufällig Lust heute hierzubleiben? Wir können jede helfende Hand dringend gebrauchen! Und wenn es nur für eine Stunde wäre!"
Evelyn nickte sofort. „Klar, ich kann bleiben."
Hanna und Elfriede strahlten sie an. Und zum ersten Mal erkannte Evelyn, wie ansteckend echte Freude sein konnte. In Windeseile band sie sich nun eine Schürze um und stürzte sich in der Küche auf das Gemüse.
„Ich bin eine ganz gut Köchin!", versicherte sie Hanna und legte los. Die Möhren waren im Nu gesäubert und geschnippelt, dann kam der Rotkohl dran, zum Schluss die Kartoffeln. Zwischendurch dirigierte Evelyn zwei junge Mädchen, die ihnen zu Hilfe gekommen waren.

Die Zeit verging wie im Flug, Evelyn war so beschäftigt, dass sie nicht ein einziges Mal dazu kam, auf die Uhr zu schauen. Und sie genoss jede einzelne Minute! Kaum hatte Hanna gegen elf draußen die Türen aufgeschlossen, strömten auch schon die ersten hinein. Einige brachten selbst gebackene Plätzchen mit, die Evelyn unbedingt probieren musste.
„Sie sind so stolz darauf, dass sie zu unserer Feier etwas beitragen, und sie freuen sich so darüber, dass es Menschen wie dich gibt, die helfen. Koste die Plätzchen einfach!", raunte ihr Hanna zu. Und Evelyn verstand. Ihr Blick wanderte über den sich füllenden Speisesaal, während ihre Hände fleißig in den Töpfen rührten und die Portionen auf die Teller verteilten. Nein, die Menschen, die hier saßen, stürmten wohl kein Kaufhaus und rempelten auf den Rolltreppen herum. Denen fehlte dafür vermutlich nicht nur das nötige Geld, sondern auch die nötige Einstellung. Erstaunt beobachtete Evelyn auch, wie die kleinen Präsente, die Hanna und Elfriede jedem Ankömmling überreichten, dankbar angenommen wurden. Keiner versäumte es, sich ausgiebig dafür zu bedanken. Und Hanna und Elfriede nahmen ihren Dank strahlend in Empfang. Beschämt dachte Evelyn daran, wie sie den Dankesbekundungen von Lukas und Marie abgewimmelt hatte. Auch wenn einzelne Weihnachtsgäste nun auf sie zukamen und ihr von Herzen für ihren Einsatz dankten, fühlte sich Evelyn sichtlich unwohl. Das fiel sogar Hanna auf.
„Du hilfst den Menschen hier, Kindchen. Und es ist ihnen ein Bedürfnis, dir dafür zu danken. Niemand will, dass du dich deshalb unwohl fühlst. Weißt du, Dankbarkeit ist wichtig, gerade in der heutigen Zeit, wo so viele nur noch an sich und die Erfüllung ihrer materiellen Wünsche denken. Die meisten hier haben dafür ohnehin nicht die Mittel, sie freuen sich über kleine Dinge!"
„Ihr verteilt Weihnachtsgeschenke?", fragte Evelyn. Hanna nickte.
„Ja, das sind Spenden von Privatpersonen. Einiges wurde auch

von einer Drogeriekette gespendet. Es ist Weihnachten, Geld hin oder her, jeder freut sich über ein kleines Geschenk!"
Hanna strahlte und überreichte Evelyn ein kleines, weiches Päckchen. „Hier, das ist speziell für dich!", sagte sie. Evelyn wusste gar nicht, wie ihr geschah.
„Aber, ich habe doch gar nichts für dich ...", stammelte sie.
Hanna schüttelte den Kopf. „Darum geht es doch gar nicht. Du wusstest heute Morgen beim Aus-dem-Haus-Gehen doch gar nicht, dass sich dein Tagesablauf ändern würde!"
„Du doch auch nicht!", schmunzelte Evelyn.
„Na ja, ich wusste immerhin, dass ich dringend einen Engel brauchte, der hier heute hilft. Und für den habe ich sicherheitshalber ein Geschenk eingepackt!"
Evelyn schluckte. „Danke!", flüsterte sie. „Weißt du, seitdem ich im Handel arbeite, mag ich Weihnachten nicht mehr. Sehr zum Leidwesen meiner Schwester, sie sich unglaublich bemüht! Doch der ganze Stress im Kaufhaus, die ganze Hektik ... im Grunde geht es nur darum, etwas darzustellen, irgendwie mitzuhalten. Wer mit Weihnachten nichts Religiöses verbindet, hat fast schon verloren! Dabei war Weihnachten als Kind mein liebstes Fest!"
Hanna sah Evelyn nachdenklich an. „Deine Schwester würde sich sicher freuen, wenn du überraschend vorbeikommst!", sagte sie leise.
„Aber vielleicht störe ich sie ja auch!" So unsicher hatte sich Evelyn seit ihrer Pubertät nicht mehr gefühlt. Damals hatte ihre Schwester ihr oft beigestanden, fiel ihr wieder ein. Evelyn genoss den Blick in die glücklichen Gesichter. Und als ein älterer Herr mit einem schwarzen Hut und einem ebensolchen Stock zur Tür hineinkam, bedurfte es keiner Erklärung: Herbert! Elfriede begrüßte ihn überschwänglich. Evelyn wanderte von einem Tisch zum anderen und bevor sie ging, versicherte sie Hanna und Elfriede, dass sie gern regelmäßig am Wochenende aushelfen käme.

Engel sehen nicht die äußere Gestalt,
sondern das Wesen der Dinge.

Unbekannter Autor

„Dann kann ich endlich meine Kochleidenschaft ausleben!", lachte sie. Sie fühlte sich befreit, glücklich, wie ein Kind an Weihnachten. Und sie war sogar zu einem Spontanbesuch bei ihrer Schwester bereit. Die würde Augen machen!
Als sie den beiden Damen zum Abschied zuwinkte, hörte sie Hanna flüstern: „Ich wusste, dass man uns einen Engel schickt! Ja, ich wusste es! Auf meinen Schutzengel ist eben immer Verlass!"

Sind Sie ein Engel?

"Mist! Nicht noch einer!", brummte Reinhold Burger entnervt, als er an der Unfallstelle vorbeikam. Der Abschleppwagen blockierte die rechte Spur, so dass alles ins Stocken geriet. Burger trommelte mit den Fingern aufs Lenkrad. Er hasste Situationen wie diese, in denen alles zusammenkam. Sein Beruf als Tiefbauingenieur verschaffte ihm die Befriedigung, alles exakt planen zu können, sozusagen bis auf drei Stellen hinterm Komma. Er atmete tief durch und zählte innerlich bis zehn. Es ging keinen Meter voran. Als der Mercedesfahrer vor ihm seinen Wagen abwürgte, konnte Burger kaum noch an sich halten. Er atmete noch einmal tief durch, ließ einen Kleintransporter einfädeln und tippte dann sanft aufs Gaspedal seines 7-er BMWs. Der Wagen setzte sich in Bewegung, jedoch mit einem deutlichen Rucken. Burger ging vom Gas, tippte es erneut an, doch der Motor zog nicht an, stattdessen ruckelte das ganze Gefährt. Hier stimmte etwas nicht, fluchte er innerlich. Der Wagen war gerade mal drei Monate alt und hatte noch nicht einmal zehntausend Kilometer auf dem Tacho. Der Motor stotterte erneut, zum Glück war Burger ein routinierter Fahrer. Er würde dem Händler was erzählen, aber zuerst mal der Werkstatt. Die letzte Durchsicht war schließlich weniger als vierundzwanzig Stunden her. Ehe ihm der Motor mitten im unfall- und berufsverkehrsbedingtem Chaos noch ganz abstarb, setzte Burger den Blinker und fuhr rechts raus. Wenigstens hier war ihm das Glück hold – er stand genau auf der Höhe einer Abfahrt. Und dahinter lag eine Raststätte. Er wollte fast schon aufatmen, als die Öldrucklampe zu flackern begann. Nur einen Moment später leuchtete alles auf, was auf dem Armaturenbrett leuchten konnte. Dann ging der Motor aus. Das Einzige, was noch funktionierte, war die Warnblinkanlage. Wenigstens etwas, dachte Burger. Bis zur Raststätte war es nur noch ein Katzensprung. Zum Glück war die Abfahrt leicht abschüssig und er hatte genug Schwung, um den Wagen auch ohne Motor dorthin rollen zu lassen. Als er ankam, war er klitschnass geschwitzt. Er griff zum Telefon.

„Ja? Hallo? Ach so, Sie sind schon dran! Na dann melden Sie sich doch auch mal anständig!", schnaubte Burger in den Hörer. „Hören Sie, mein BMW, den ich vorhin gerade erst abgeholt habe, streikt! Nichts geht mehr! Ja, schicken Sie mir einen Abschleppwagen, aber ein bisschen fix! Ich habe nicht den ganzen Tag Zeit!"

Wütend drückte er die rote Hörertaste seines Handys und steckte das Teil in die Innentasche. Jetzt hieß es warten. Automatisch griff er nach seiner Thermoskanne in der Mittelkonsole. Aber sie war leer. Auch das noch. Wenn was schiefgeht, dann aber richtig! Brummelnd stieg Burger aus und stiefelte Richtung Tankstellenshop. Er brauchte einen Kaffee. Und am besten noch etwas Süßes für die Nerven. Plötzlich sah er aus dem Augenwinkel heraus, wie eine junge Frau, in Parka, Schal und Mütze eingemummelt, aus der Tür kam, ein paar Schritte machte und dann auf dem schmutzigen, mit Ölresten versetzten Schneematsch ausrutschte. Unbeholfen sprang Burger vorwärts, um sie vor einem Sturz zu bewahren, doch zu spät. Die Frau verlor das Gleichgewicht und fiel der Länge nach auf ihre rechte Seite.

„Sind Sie verletzt?", keuchte Burger, als er bei ihr ankam. Er reichte ihr die Hand, um ihr aufzuhelfen. Sie ergriff sie unbeholfen und richtete sich zunächst in eine sitzende Position auf. Dabei rutschte ihr die Mütze vom Kopf, und erstaunt stellte Burger fest, dass sie sehr jung war, fast noch ein Mädchen. Jetzt rappelte sie sich auf, dabei rutschte ihre Hand ab und sie griff instinktiv, um nicht noch einmal hinzufallen, nach Burgers Jacke. Dort hinterließ sie einen verschmierten Handabdruck aus Schneematsch auf dem feinen Wildleder.

„Oh, Entschuldigung, das tut mir ja so leid", schluchzte sie auf.
„Na, na, das ist doch nun wirklich kein Grund für Tränen", sagte Burger irritiert. „Haben Sie sich wehgetan?"
„Nein, aber meine Autoschlüssel sind in den Gully gefallen!", schniefte sie.
Burger beugte sich vor. „Das ist kein Gully, sondern ein Hofablauf", erklärte er ihr, nun ganz in seinem Element. Er griff in die Innentasche seiner Jacke und kramte sein Taschenmesser, das genaugenommen ein Multitool der gehobenen Preisklasse war, hervor. Unter dem ängstlichen Blick der jungen Frau hebelte er damit den Gitterrost auf. Dann griff er in den Schacht und brachte ein korbartiges Gefäß zutage. Er hielt es ins Licht, fischte die Autoschlüssel der Frau heraus und gab sie ihr mit einem Lächeln.
„Sehen Sie, das war ganz einfach", sagte er und war insgeheim ein bisschen stolz.
Die Frau lächelte ihn staunend an. „Danke! Sie sind mein rettender Engel. Sie muss der Himmel geschickt haben! Vielen, vielen Dank!" Trotz der offensichtlichen Erleichterung rannen ihr immer noch dicke Tränen übers Gesicht.
Ihr Strahlen und ihre offensichtliche Freude machten Burger ganz nervös. „Kein Thema", sagte er. „Und vor allem kein Grund für Tränen. Sind Sie sicher, dass mit Ihnen alles in Ordnung ist?"
Er sah sich um. Gerade eben waren zwei andere Wagen weggefahren und an der hintersten Reihe von Zapfsäulen, stand nur noch dieser klapprige, altersschwach wirkende Kombi.
„Ist das Ihrer?", fragte Burger.
Die junge Frau nickte und rieb sich die Hände, die eiskalt aussahen, denn sie trug keine Handschuhe. Jetzt fiel Burger auch auf, dass sie lediglich Turnschuhe trug. Etwas Weißes flatterte zu Boden, und Burger hob es auf. Die Quittung der Tankstelle. Er warf einen Blick darauf, bevor er sie der Frau reichte. 9,94 Euro.

Plötzlich schämte er sich. Dort drüben stand seine Luxuskarosse und wartete auf den Werkstattwagen. Er trug warme, trockene Kleidung, keine fadenscheinigen Jeans und Turnschuhe. Und da war diese junge Frau, von der er plötzlich mit Sicherheit wusste, dass sie sich nicht mehr leisten konnte als die knapp sieben Liter, die sie soeben gezapft und bar bezahlt hatte, wie auf der Quittung zu lesen war. Plötzlich fühlte er sich irgendwie schäbig und undankbar für all die Privilegien, die er für selbstverständlich hielt. Da gab es also wirklich Leute, die so arm waren, dass sie sich kaum Benzin leisten konnten, von Winterreifen oder gar einem ordentlichen Wagen ganz zu schweigen. In welcher Welt, fragte er sich im Bruchteil einer Sekunde, hatte er die letzten achtundvierzig Jahre eigentlich gelebt? Auch wenn er es nicht so mit Menschen hatte, diese Frau jetzt einfach hier stehen zu lassen, das fühlte sich ganz und gar nicht richtig an. Auch wenn ihm kein rationaler Grund einfiel, warum er sich plötzlich und auf einmal für eine ihm völlig fremde junge Frau verantwortlich fühlen sollte. Er hatte doch eigentlich schon genug getan, oder? Nein, war die Antwort, die ihn wie ein glühend heißer Blitz durchzuckte.

„Kommen Sie", sagte Burger und ging mit ihr hinüber zu ihrem Wagen. Der Tankverschluss lag noch auf der Zapfsäule. Burger nahm den Stutzen und steckte ihn in die Tanköffnung.

"Aber was ... Sie können doch nicht einfach ... ich habe doch gerade erst ...", stammelte die Frau, doch Burger ließ sich nicht stoppen. Nach weiteren 40 Litern schaltete die Zapfsäule automatisch ab, doch Burger ließ langsam noch knapp zwei weitere Liter in den Tank. Dann schraubte er den Tankdeckel drauf und ging zurück, um zu bezahlen. Als er fertig war, stand die Frau immer noch wie festgewachsen neben ihrem Wagen und starrte ihn an. Er ging zurück zu ihr und um den Wagen herum.

„Ah, Sie kommen von der Nordsee!", stellte er nach einem Blick auf ihr Nummernschild fest. „Wo wollen Sie hin, wenn ich fragen darf?"

SIND SIE EIN ENGEL?

> Wer unter Menschen nur einen Engel sucht,
> der findet kaum Menschen.
> Wer aber unter Menschen nur Menschen sucht,
> der findet gewiss seinen Engel.
>
> Moritz Gottlieb Saphir

„Nach Bayern", sagte sie.

Burger starrte sie verblüfft an. „Das sind fast 800 Kilometer!", stellte er fest und fragte sich gleichzeitig, wie sie das hätte mit den paar Litern schaffen wollen. Er musterte den Wagen. „Und das mit Sommerreifen? Es steht mir ja nicht zu, Sie zu kritisieren, aber das ist schon arg leichtsinnig! Warum nehmen Sie denn nicht die Bahn, das wäre doch einfach und sicherer!"

Aus dem Wageninneren ertönte ein tiefes Bellen, das auf einen großen Hund schließen ließ, und gleich darauf zwei quengelnde Kinderstimmen, die sich nach Vorschulalter anhörten. Und das Gebrüll eines Säuglings.

„Entschuldigen Sie bitte, aber die Kinder sind hungrig. Und Wolf natürlich auch." Die junge Frau öffnete die Wagentür. Die Innenbeleuchtung flackerte zögerlich auf. Wackelkontakt, dachte Burger. Die ganze Karre ist längst überreif für den Schrottplatz. In der Mitte des Rücksitzes thronte ein großer Mischlingshund, flankiert von einem Jungen und einem Mädchen.

„Das sind Jessica und Tom", stellte die junge Frau vor. „Jessi ist sechs, Tom vier, und das hier ist Moritz", sagte sie und deutete auf den Säugling, der in seinem Kindersitz auf dem Beifahrersitz geschnallt war.

„Ich verstehe", stammelte Burger verblüfft. „Bahn wäre teurer und komplizierter."

„Ich bin Sandra Pöhlmann", sagte sie und streckte ihm ihre klamme Hand entgegen. „Und Sie müssen ein Engel sein. Nochmals vielen Dank für den Sprit."

„Nein, ich bin Stefan Burger. Kein Engel, nur Tiefbauingenieur. Hören Sie, Frau Pöhlmann, ich muss hier auf jemand von meiner Werkstatt warten. Wie wäre es, wenn Sie und die Kinder mir Gesellschaft leisten würden? Gleich da drüben ist ein Rasthaus", sagte er und zeigte auf die andere Straßenseite. „Und für Wolf finden wir auch was", fügte er hinzu.

„Aber ... das geht doch nicht!", sagte Sandra Pöhlmann und kämpfte schon wieder mit den Tränen. „Das kann ich doch nicht annehmen!"

Doch Tom und Jessica quietschten vor Begeisterung und so stand die Entscheidung eigentlich schon fest. Sandra nahm Moritz samt seinem Kindersitz, Burger je eines der größeren Kinder an der Hand, und vorsichtig überquerten sie die glatte Straße. Die kleinen Kinderhände klammerten sich ganz selbstverständlich an ihn, was in ihm plötzlich das unbeschreibliche Gefühl von Verantwortung auslöste. Er hatte keine eigenen Kinder, er hatte nie welche gewollt. Wie schön sich kleine Kinderhände anfühlen konnten, hätte er nie vermutet.

„Vorsicht an der Straße!", entfuhr es ihm. Die beiden stoppten prompt und schauten brav nach links und rechts. Das warme Gefühl in ihm verstärkte sich. Insgeheim baute sich ein gewisser Groll gegen den Vater der Kinder auf. Wenn man schon eine Familie hatte und Kinder in die Welt setzte, dann sollte man sich verdammt noch mal auch drum kümmern, so seine Meinung.

Die Raststätte entpuppte sich als klassisches Fastfood-Restaurant, was in Burger normalerweise einen sofortigen Fluchtreflex ausgelöst hätte. Doch die Kinder zeigten sich derart beeindruckt vom Angebot, dass Burger es sich nicht nehmen ließ, alles zu bestellen und zu bezahlen, was die Speisekarte hergab.

„Und am besten noch mal das Gleiche, nur zum Mitnehmen!", ordnete er an. „Sie sind schließlich noch eine Weile unterwegs, nicht wahr?"

Sandra Pöhlmann war viel zu überrascht und eingeschüchtert, um Burger zu wiedersprechen.

Nachdem sie ihren Hunger gestillt hatten, verschwanden Jessica und Tom in der Spielecke. Burger nickte Sandra Pöhlmann aufmunternd zu und organisierte noch Kaffee. Es war ewig her, dass ihm mal jemand das Herz ausgeschüttet hatte, und er fühlte, dass es nun wieder so weit war. Dann begann sie zu erzählen: „Eigentlich ist es ein Himmelfahrtskommando, diese Strecke. Aber ich will zu meinen Eltern", begann sie zögerlich. „Mit der alten Karre kann ich nicht auf die Autobahn, ab 70 km/h beginnen die Radlager zu klappern. Also Landstraße."

Burger nickte ihr aufmunternd zu und sie redete weiter. „Sicher denken Sie, ich muss verrückt sein, mich mit den Kindern, Wolf, und dieser alten Schrottlaube auf so eine lange Fahrt zu begeben, aber ich habe keine andere Wahl. Wirklich nicht."

Sie griff nach dem Taschentuch und Burger spürte, wie sich sein Herz verkrampfte.

„Vor drei Monaten, an einem Sonntagmorgen, startete mein Mann sehr früh zu einer Motorradtour. Seine 250er Yamaha Enduro war seine erste Maschine, er hatte sie sich von seinen ersten

Monatslöhnen zusammengespart. Ich war gerade in der Küche, als es plötzlich klingelte. Ich öffnete die Tür – und mein Leben war vorbei!"

Sandra Pöhlmann starrte direkt an Burger vorbei ins Nichts, während er heftig schluckte. Er ahnte das Grauen, bevor sie weitersprach: „Ich brauchte die beiden Polizisten nur anschauen, da wusste ich es. Jens hatte einen Unfall. Motorrad gegen Jeep, er hatte keine Chance."

Stefan Burger nickte nur, um sie zum Weiterreden zu ermutigen. Er schämte sich auf einmal, mehr als er es je getan hatte. Auf den ersten Blick hatte er angenommen, sie sei auch nur eine jener Parasiten, die auf Kosten des Sozialstaats leben und in regelmäßigen Abständen Kinder bekamen, um sich vor jeder Art von Arbeit drücken zu können. Wie hatte er der jungen Frau nur so Unrecht tun können, wenn auch nur in Gedanken!

„Jens hat als Computertechniker gut verdient und war schon seit seiner Ausbildung in der gleichen Firma beschäftigt. Als im März Moritz geboren wurde, mieteten wir ein Reihenmittelhaus, weil wir mehr Platz für die Kinder brauchten. Jens hat viele Überstunden gemacht, es war immer genügend zum Leben da, wir hatten keine Sorgen. Aber drei Tage nach dem Unfall, als ich gerade dabei war, die Beerdigung zu arrangieren, die unseren Notgroschen aufbrauchte, erhielt ich einen Brief von einem Anwalt. Der Unfallgegner behauptete nun, Jens hätte den Schaden verursacht. Er stellte Forderungen in unglaublicher Höhe, damit geriet die Schadensregulierung der Versicherung ins Stocken, ich bekam erst einmal gar nichts. Aber in dem Moment dachte ich gar nicht an Geld – ich dachte nur daran, dass Jens tot war!" Sandra schluchzte auf.

„Hatten Sie denn niemanden, der Ihnen hätte helfen können?", fragte Burger und wunderte sich, wie belegt seine Stimme klang.

„Ich habe eine beste Freundin, die mir zur Seite steht und auch mit den Kindern hilft", sagte Sandra. „Jessica bekam Alpträume,

wachte jede Nacht weinend auf. Ich bekam kaum Schlaf. Alles glitt mir aus der Hand, es war einfach zu viel. Meine Freundin half mir auch dabei, Witwen- und Halbwaisenrente zu beantragen."
Burger nickte. Wenigsten einmal machten die horrenden Steuern, die er zahlte, für ihn einen Sinn.
„Nach zwei weiteren Wochen hatte ich noch immer nichts gehört und wendete mich direkt an die Rentenstelle. Dort wurde mir gesagt, es könne bis zu sechs Monaten dauern. Dann bekäme ich alles nachgezahlt." Sie lachte erbittert auf. „Ich bat um einen Vorschuss, denn allmählich wurde das Geld knapp. Die Beamtin sagte, dafür seien sie nicht zuständig und verwies mich ans Sozialamt."
„Eben!", warf Burger ein. „Dafür sind die doch da!"
„Auch dort habe ich einen Antrag gestellt, aber es dauert. Und jeder Tag kostet Geld, Miete und Essen und so. Geld, das ich nicht habe!"
„Das ist doch nicht zu fassen!", sagte Burger. „Sie sollten einen Anwalt einschalten! Die müssen sich doch bewegen in solchen Notlagen!"
Sandra Pöhlmann zuckte hilflos die Schultern. „Und nachdem ich zum dritten Mal die Miete nicht aufbringen konnte, teilte mir der Vermieter mit, dass er Räumungsklage gegen mich erheben würde, die Häuschen sind gefragt, andere zahlen pünktlich. Also blieb mir nichts anderes übrig, als meine Eltern anzurufen, obwohl die auch nicht reich sind."
„Aber immerhin haben Sie jemanden, der Ihnen beisteht", sagte Burger. „Und vielleicht können Sie dort auch eher mit allem abschließen. Sie haben Ihren Mann verloren, das ist keine Kleinigkeit!"
Bevor es ihm so recht bewusst wurde, was er da gerade tat, ergriff Burger Sandras Hand und drückte sie. „Sie schaffen das, Sandra", sagte er. „Sie sind eine starke und mutige Frau."
Nachdem sie das Restaurant verlassen hatten, ging Burger zu-

rück in die Tankstelle und kaufte Hundefutter, Wasser und Limonade. Dann gingen sie zurück zu Sandras Wagen.

Während Sandra ihre Vorräte im Kofferraum verstaute, fischte Burger zwei Hundert-Euro-Scheine aus seiner Brieftasche und schob sie unter Moritz' Sicherheitsgurt. Ein Blick über die Schulter sagte ihm, dass sie nichts mitbekommen hatte, gut! Dann würde sie sie erst finden, wenn sie Moritz das nächste Mal aus dem Babysitz nahm.

Sie verabschiedeten sich voneinander, und sie umarmte ihn ganz herzlich. „Danke, dass es Engel wie Sie gibt", flüsterte sie, so dass nur er es hören konnte, dann stieg sie in den Wagen und fuhr davon.

Burger ging zurück zu seinem Wagen und bedachte diesen mit einem missmutigen Blick. Das Wort ‚Engel' von Sandra Pöhlmann ganz zart ausgesprochen, hallte ihm noch in den Ohren. Nein, gestand er sich ein, er war wirklich weit davon entfernt, ein Engel zu sein. Er stieg ein und drehte gedankenverloren den Schlüssel im Zündschloss. Ohne zu zucken, sprang der Motor an und schnurrte wie ein zufriedener Löwe. Nicht eine Warnleuchte schlug Alarm, alles schien bestens. Probehalber tippte er aufs Gaspedal. Zu seiner Verblüffung lief der Motor absolut rund. Einen Moment zögerte er noch, dann rollte er rückwärts hinaus auf die Straße.

Später, Burger hatte seinen Wagen ausgiebig getestet, rief er seine Werkstatt an. Einen Wagen, so erfuhr er, hatte man noch gar nicht losgeschickt! Unter endlosen Entschuldigungen erklärte ihm der Meister, dass ein Auszubildender Burgers Anruf entgegengenommen und dann wohl vergessen hatte, Bescheid zu sagen.

„Es tut mir wirklich so leid, dass Sie jetzt seit Stunden warten müssen, Herr Burger!", zeigte sich der Meister untröstlich. „Sie halten uns seit Jahren die Treue ..."

„Ist schon in Ordnung", unterbrach ihn Burger. „Ihr schusseliger junger Kollege hat mir zu einer außerordentlich interessanten Begegnung verholfen."
Dann legte er auf und dachte daran, wie glücklich es ihn gemacht hatte, Sandra Pöhlmann und ihren Kindern aus einer momentanen Notlage zu helfen. Und diese Chance hatte er nur bekommen, weil die Elektronik seines fast nagelneuen Wagens verrückt gespielt hatte. Andere, überlegte er grinsend, würden als Erklärung nun höhere Mächte bemühen.

Schutzengel im Gebirge

„Also, ich wünschte, ich wäre an der See. An einem sonnigen Strand mit weitem Horizont, wo man übers Meer blicken kann. Beruhigende Wellen, ein sanftes Lüftchen und ein gemütlicher Strandkorb", seufzte Bettina Hartmann und schloss verträumt die Augen. Wenn sie die Berge nicht sah, sondern nur das laue Lüftchen und die Sonne auf ihrer Haut fühlte, vergaß sie fast, dass sie sich in einer Hochgebirgsregion befand. Gemeinsam mit ihrem Mann und einem befreundeten Ehepaar war sie in die Hohen Tauern gereist und hatte dabei festgestellt, dass Österreich nicht ihr Ding war.

„Hier fühle ich mich irgendwie eingekesselt. Wie in einem Käfig!" Sie bedachte die Dreitausender um sich herum mit einem bösen Blick.

„Eingekesselt?", fragte ihr Mann Paul kopfschüttelnd. „Nun übertreib mal nicht! Hier sind Berge, blauer Himmel soweit das Auge reicht und die schönste Natur, die du dir vorstellen kannst. Und du hast trotzdem was zu meckern!"

Er wischte sich den Schweiß von der Stirn. Dass zwischen ihnen eine angespannte und nicht eben nette Stimmung herrschte, war offensichtlich. Vielleicht hätte sie Paul doch alleine mit seinem Jugendfreund Gregor fahren lassen sollen, überlegte Bettina. Dann hätte sie das lange Feiertagswochenende mit einer Freundin im Spa verbringen können. Doch einfach zu sagen, sie komme nicht mit, hatte sie sich nicht getraut. Zumal Marie, Gregors Frau, das Herumkraxeln in den Bergen ebenfalls Spaß zu machen schien. Nur Bettina konnte mit dem Elan der drei Sportbegeisterten wenig anfangen.

„Du hast es ja auch nicht nötig, dir ein paar Pfunde abzutrainieren", meinte Marie lachend und ergriff Bettinas Arm. Die kleine, rundliche Marie liebte Harmonie und Frieden über alles. Als Grundschullehrerin war sie außerdem daran gewöhnt, Konflikte frühzeitig zu erkennen und zu entschärfen. Die Bergsteigerei hätte man ihr auf den ersten Blick kaum zugetraut.

„Komm, wir müssen nicht so schnell den Berg hochhecheln!", lachte Marie und ließ sich auf Bettinas deutlich langsameren Wanderschritt ein. Sie blieben etwas hinter ihren Männern zurück und Marie lenkte ihr Gespräch gekonnt auf erfreulichere Dinge.

„Kein Wölkchen am Himmel!", hörte Bettina ihren Mann stöhnen. „Das ist wirklich schon fast zu warm zum Wandern!"
Bettina verkniff sich einen bösen Kommentar. Als sie heute Morgen ihr Hotel verlassen hatten, um das Kitzsteinhorn zu erklimmen, zeigte das Thermometer gerade mal acht Grad! Das, so ihre feste Überzeugung, konnte man weiß Gott nicht als ‚schon fast zu warm' bezeichnen, wenngleich sie zugeben musste, dass die Sonne trotz der fortgeschrittenen Jahreszeit noch über ungeahnte Kräfte verfügte. Sie biss sich auf die Lippen. Nein, einen neuerlichen Streit wollte sie nicht vom Zaun brechen. Es war ja auch nicht Pauls Schuld, dass sie dem Wandern auch nach zehn Jahren Ehe nichts abgewinnen konnte. Schade nur, dass sie sich noch immer nicht traute, das auch offen auszusprechen.

Mit einem Ohr hörte sie, wie sich ihr Mann bei seinem Freund Gregor über sie ausließ. Über ihre schlechte Laune in der letzten Zeit und über ihr Gemecker. Im ersten Impuls wollte sie ihm über den Mund fahren, doch dann erschien ihr das auf einmal viel zu anstrengend. Marie neben ihr tat, als ob sie nichts davon mitbekam.

„Ich halte das hier alles nur für keine gute Idee!", rechtfertigte sich Bettina trotzdem vor Marie. Sie hatte schon beim Losge-

Wenn alle Türen geschlossen und die Fenster verdunkelt sind, darfst du nicht glauben, allein zu sein. Denn Gott ist bei dir und dein Schutzengel. Und weshalb sollten sie Licht brauchen, um zu sehen, was du tust?

Epiktet

hen ein merkwürdiges Gefühl gehabt und beobachtete nun akribisch den Himmel.

„Schon gut!", lachte diese jedoch nur. „Du bist dafür der Wüstenprofi! Paul hat erzählt, dass du mal eine Tour durch die Lybische Wüste gemacht hast, von Oase zu Oase, mit Übernachtung im Wüstenzelt und so. Glaub mir, dazu könntest du mich nie bewegen! Allein die Aussicht, auf dem Boden schlafen zu müssen, auf Augenhöhe mit Skorpionen und wer weiß was für einem Getier, würde mich davon abhalten! Dazu diese unsägliche Hitze am Tag und die Kälte in der Nacht! Alles sieht gleich aus, eine Düne wie die andere, überall Sand!" Marie schüttelte den Kopf. „Ehrlich, Respekt! Aber ich lob mir da meine Berge!" So wie Marie es sagte, klang es wirklich nett. Und Bettina nahm sich fest vor, ihr Genörgel für heute einzustellen und dieser ach so prächtigen Natur um sie herum irgendetwas Positives abzugewinnen. Auch wenn sie noch nicht so richtig wusste, was das sein sollte. Hohe, schneebedeckte Felsen rissen sie nicht vom Hocker. Trotzdem, sie schluckte tapfer eine bitterböse Bemerkung über den schmaler werdenden Weg herunter. Es half ja nichts, wenn sie alle mit ihrer schlechten Laune quälte.

Ihr Blick saugte sich an Pauls Rücken fest. Er und Gregor trugen Jeans, genau wie Marie und Bettina, zu wetterfesten Wanderschuhen. Allerdings hatten sie sich nur leichte Steppjacken übergeworfen, was ihnen eher den Anblick von normalen Wanderern gab als von einer Vierergruppe auf Dreitausenderkurs.

Sie querten einen Geröllhang, an dessen Ende sich der Weg gabelte. „Und jetzt?", fragte Gregor.

„Rechts geht's leicht bergab, der linke scheint etwas anzusteigen, aber wer weiß, wie es hinter der nächsten Kurve weitergeht", sagte Paul.

„Das weiß man vorher nie", meinte Gregor. „Der rechte Weg scheint dort am Abhang zu enden, aber was für einen Sinn hätte er dann?"

„Also, wo war denn die letzte Markierung?", fragte Marie. „Wer hat sie gesehen? Blaues Kreuz auf gelbem Grund oder so?"

Sie sahen sich ratlos an. Am Ende des Parkplatzes, von dem aus sie gestartet waren, hatten sie eine große Panoramakarte mit allen Touren und den entsprechenden Markierungen studiert. Dort waren die Berge auch namentlich bezeichnet gewesen und alles hatte ganz logisch ausgesehen. Doch drei Mal um die eigene Achse gedreht, stellte Bettina fest, sahen alle Berge fast gleich aus. An die Details der Karte und den genauen Wanderweg erinnerte sich nun offenbar keiner mehr, registrierte sie und stöhnte auf. „Auch das noch! Jetzt wissen wir nicht mal mehr, wo wir sind. Verschollen in den Hohen Tauern … ich sehe die Schlagzeile schon vor mir!"

Pauls vernichtender Blick ließ sie verstummen. Doch anstatt sie ob ihres neuerlichen Schlechtelauneausbruchs anzumotzen, beließ er es bei diesem warnenden Blick.

„Das schaffen wir schon!", sagte Gregor aufmunternd. „Im Zweifelsfall können wir immer noch den gleichen Weg zurückgehen, den wir hergekommen sind. Mist, ich habe mir die Route extra ausgedruckt und farblich markiert." Gregor durchwühlte seinen Rucksack. „Ich muss den Papierkram wohl im Hotel gelassen haben!", ärgerte er sich. „Kannst du mal schauen, ob du es eingesteckt hast, Schatz?"

Nun durchwühlte auch Marie ihre Tasche, ohne Erfolg, und Bettina hätte angesichts der Aussicht, ohne Karte oder wenigstens die blasse Ahnung, welches der richtige Weg war, weiter zu marschieren, am liebsten kehrt gemacht. Doch sie sagte nichts.

Auf einmal wurde die Sonne von ein paar dunklen Wolken verdeckt. Es frischte auf.

„Also gut, gehen wir vorwärts und hoffen das Beste. Welchen Weg nehmen wir? Rechts oder links? Ich bin für rechts, einfach weil er gar nicht so schwierig aussieht!", schlug Gregor vor. Marie gab ihrem Mann Recht und auch Paul widersprach nicht. Bettina hielt sich ohnehin lieber zurück und setzte danach auch brav einen Fuß vor den anderen. Plötzlich hatte sie das Gefühl, beobachtet zu werden. Und richtig, unter einem Bergvorsprung, vom Weg aus fast nicht zu sehen, saß jemand.

„Guck mal!", stieß sie ihren Mann in den Rücken.

Paul wandte sich unwirsch um, folgte dann aber ihrem Blick.

„Da sitzt ein alter Mann!", stellte er fest. Nun schien der Alte auch auf sie aufmerksam geworden zu sein, denn er erhob sich schwerfällig und winkte ihnen zu.

„Der sieht ja fast aus wie ein Waldschrat!", kicherte Marie.

„Irgendwie unheimlich!", stellte auch Bettina fest. In dem wettergegerbten Gesicht des Alten funkelten lebendig blaue Augen, die im Widerspruch zu seinen ihm wirr abstehenden grauen Haaren standen.

„Komm! Den fragen wir nach dem Weg, der sieht so aus, als ob er sich auskennt!", schlug Bettina vor und wartete gar nicht erst darauf, dass ihre bergerfahrenen Begleiter ihren Vorschlag gut fanden.

„Entschuldigung – wir wollen auf das Kitzsteinhorn!", rief sie dem Alten zu.

Mit einer Behändigkeit, die Bettina ihm nicht zugetraut hätte, bewegte er sich auf die vier Wanderer zu. „Geht's mal nicht weiter!", polterte er los und zeigte auf die drei kleinen Schönwetterwölkchen am Himmel. „Da braut sich was zusammen!"

Auf ihre Frage ging er nicht ein, registrierte Bettina am Rande und starrte ebenso wie die anderen in den Himmel. Gregor fasste sich zuerst. „Das sieht nun wirklich nicht nach Unwetter aus!", meinte er grinsend. „Wer weiß, wie viele Alpenkräuterschnäpse der Alte schon intus hat!"

Bettina schluckte. Nicht nur, weil der alte Mann sie durchaus hören konnte. Sie versuchte, Gregor ein Zeichen zu geben, doch der schüttelte nur den Kopf und zog Paul am Ärmel. „Komm, lass uns weitergehen, du siehst doch: Der Himmel ist strahlend blau! Und diese drei Mini-Wölkchen tun nun wirklich keinem was!"

„Zum Kitzsteinhorn?", versuchte Bettina noch einmal ihr Glück.

„Unterschätzt die Berge nicht!", murmelte der alte Mann jedoch nur. „Die Berge sind launisch!", warnte er und hob die Hand zum Himmel. „Seht ihr denn nicht?"

Bettina bekam eine richtige Gänsehaut und hob den Kopf. Doch mehr als blauen Himmel sah sie auch nicht.

„Wenn es kommt!", sagte der Alte, „Dann macht euch auf was gefasst!" Er sah Bettina fest in die Augen, schon weil sie am nächsten bei ihm stand. „Da drüben!" Bettina nickte stumm und folgte seinem Blick den Hang hinauf und dann weiter nach

rechts. „Da ist ein Unterstand! Eine alte Hütte! Nicht groß, doch sie bietet Schutz! Am besten aber, ihr geht zurück!"
„Auf keinen Fall!", entschied Gregor und sah Paul auffordernd an. „Kommt, wir finden den Weg auch allein!"
Der alte Mann war noch in Hörweite, hatte aber wohl eingesehen, dass er die Gruppe nicht umstimmen konnte. Obwohl Bettina ihm am liebsten gefolgt wäre.

Nachdem der Alte außer Sichtweite war, machten sich die vier weiter an den Aufstieg. Der Pfad wurde schmaler und steiler, sie kamen nur langsam voran. Der blaue Himmel strafte die Worte des Alten Lügen. Nichts deutete auf ein Unwetter hin, sodass sich Bettinas lädierte Nerven wieder beruhigten. Dann frischte der Wind plötzlich auf und eine heftige Böe erfasste Gregors Schirmmütze und riss sie ihm vom Kopf. Sie flog über die Mulde und verschwand dann hinter einem Felsen direkt im Nichts.
„Habt ihr das gesehen?", rief er und blickte zum Himmel hinauf. Der ehemals strahlend blaue Himmel hatte eine graue Farbe angenommen. Zudem schienen sich nun die Wolken zusammenzuziehen.
„Wo sind die so plötzlich hergekommen?", fragte Gregor und schnappte Maries Hand. „Komm, lauf, wir müssen ins Tal! Das sieht nach einem Wettersturz aus! Los, lauft!", rief er Bettina und Paul zu und zerrte Marie bereits hinter sich hier. Die wehrte sich nicht mal, wie Bettina feststellte, sondern sputete sich, mit ihrem Mann Schritt zu halten.
Nichtsdestotrotz blieb Bettina einigermaßen verdattert zurück, denn Paul machte keine Anstalten, seinem Freund zu folgen. Im Gegenteil, er schaute sie einfach nur unschlüssig an. Dann wanderte sein Blick Richtung Himmel.
„Das schaffen wir nie!", stellte er nüchtern fest. „Du bist ja eh nicht die Schnellste!"
„Wie bitte?", protestierte Bettina. „Nun bin ich also Schuld da-

ran, dass wir hier in ein Unwetter kommen oder was? Du hast doch die Worte des Alten nicht ernst genommen! Außerdem musstest du mich ja hierher schleppen! Hätte ich mich doch nur nie darauf eingelassen!"

Sie funkelte Paul böse an, Paul funkelte zurück. In der Ferne hallte bereits ein Donner. Und Gregor und Marie waren längst aus ihrem Blickfeld verschwunden. Vermutlich, so überlegte Bettina, waren sie schon fast an der Gabelung weiter unten, während sie immer noch hier standen und stritten. Ein Donnergrollen war zu hören.

„Oh, hier passiert echt gleich was!", entfuhr es Paul. „Komm, wir sollten auch machen, dass wir runter kommen, ehe das Unwetter losbricht! Streiten können wir später auch noch!"

„Das schaffen wir nicht!", stellte Bettina fest und wunderte sich, wie ängstlich ihre Stimme klang. „Ich bin nicht so bergerfahren wie Marie. Ich kann da nicht mithalten. Los, lauf den beiden doch einfach hinterher, ich verkrieche mich hier irgendwo!"

Ihre Knie zitterten, am liebsten wäre sie in Tränen ausgebrochen. Sie hatte richtige Angst.

„Das kommt überhaupt nicht infrage!", protestierte Paul und zog Bettina zu sich ran. „Was denkst du dir denn eigentlich? Dass ich dich allein auf dem Berg zurücklasse? Bei einem Unwetter? Sag mal, spinnst du jetzt völlig?"

Bettina schluckte. „Wir streiten nur noch ..."

Es donnerte wieder und Pauls Blick wurde hektischer. „Komm, lass uns diese komische Hütte suchen, von der der Alte gesprochen hat. Vielleicht gibt's die ja wirklich!"

Bettina fragte nicht weiter, stattdessen griff sie nach Pauls Hand. Sie verließen den Wanderpfad und hielten sich rechts, wie der Alte gezeigt hatte. Bettina stolperte tapfer hinter Paul her. Der Wind frischte noch mehr auf, sie stemmten sich ihm entgegen, so gut sie konnten. Bettina schnappte nach Luft und wandte den Kopf ab, doch Paul zog sie weiter hinter sich her. Der krachende Donner kam immer näher, plötzlich setzte Regen ein. Dicke Tropfen klatschen ihnen ins Gesicht. Dazu verdunkelte sich der Himmel zusehends.

„Paul!", rief Bettina, „Ich habe Angst!"

„Komm!", feuerte er sie an. „Wir müssen zur Hütte! Ich sehe da drüben schon etwas. Komm schon, halte durch!"

Er zog sie eine Spur schneller hinter sich her. Dann erreichten sie die Hütte und Paul stieß die Tür auf. „Zum Glück nicht abgeschlossen!", stellte er erleichtert fest. Bettina ließ sich erschöpft an die Holzwand fallen. Das Wasser lief ihr über den Kopf, sie war völlig durchgeweicht. Paul zog sie in die Hütte und stutzte.

„Schau mal!", sagte er und zeigte verwundert auf den Tisch. Dort lagen mehrere Handtücher und ein paar Decken fein säuberlich gestapelt. Daneben eine Packung Kekse und mehrere Teebeutel.

„Hier drüben ist auch Holz und ein Topf!", stellte Bettina verwundert fest. „Sieht ganz so aus, als hätte das jemand für verirrte Wanderer vorbereitet!"

„Lass uns erst mal die nassen Klamotten loswerden!", schlug Paul vor und mühte sich, mit den Holzscheiten und den Streichhölzern ein Feuer zu entfachen. „Gleich wird es warm hier drin, dann trocknen sie auch besser!"

Bettina nickte. Sie fühlte sich nur noch ausgelaugt und müde. Selbst wenn sie sich jetzt nicht mehr unmittelbar bedroht fühlte, so richtig wohl war ihr nicht.

Draußen peitschte der Regen heftig gegen die Hütte. „Hier!", sagte Paul und legte seiner Frau eine Decke um die Schultern. „Eines verspreche ich dir, von Bergwandern habe ich erst mal die Nase voll! Außerdem will ich nicht ständig streiten!"

Bettina sah ihren Mann an. „Ich will auch nicht immer streiten. Vielleicht können wir uns einfach vornehmen, künftig ein bisschen mehr Rücksicht auf die Befindlichkeiten des an-

deren zu nehmen? So wie wir es am Anfang mal gemacht haben. Wir kennen uns doch lange genug!"
Paul nickte. „Ja, natürlich. Es tut mir leid. Ich habe mich da mitreißen lassen ..."
Bettina unterbrach ihn: „Mir tut meine Nörgelei auch leid. Ich bin so froh, dass ich dich habe! Das hier hätte auch ganz anders ausgehen können. Wir sind nochmal mit einem blauen Auge davongekommen!"
Plötzlich fand Bettina das Ganze gar nicht mehr schlimm. Sie schmiegte sich an ihren Mann und schloss die Augen. Endlich fühlte sie es wieder. Dieses Vertrauen in ihn, das sie schon fast verloren geglaubt hatte. „Hoffentlich sind Gregor und Marie heil runter gekommen!", flüsterte sie. Auch wenn sie es insgeheim reichlich rücksichtslos von den beiden fand, Paul und sie einfach auf dem Berg stehen zu lassen, Sorgen machte sie sich trotzdem. Paul strich ihr beruhigend über die Wange und lächelte sie an: „Mach dir keine Sorgen, Schatz, die beiden sind ja bergerfahren genug."
Eine halbe Stunde später war der Spuk vorbei, und die Sonne lachte ihnen wieder vom strahlend blauen Himmel entgegen. Vorsichtig machten sie sich an den Abstieg, der ihnen fast schon mühelos gelang. Sie unterbrachen ihren Weg nur noch einmal an der Stelle, an denen ihnen der umsichtige Alte begegnet war, doch nun fehlte von ihm jede Spur. Auch in der Talstation, die sie kurz darauf heil und sicher erreichten, kannte ihn keiner.
„Vielleicht war es ein Schutzengel", meinte Bettina. „Als Einheimischer verkleidet und zur rechten Zeit am rechten Ort."

Ein schlechtes Gefühl

„Wer nimmt schon Anfang November Urlaub?", frotzelte Konrad Becker, mein Kollege. „Hast du eine Sonnenallergie oder stehst du einfach nur auf graue Herbsttage?"
Ich warf ihm einen vernichtenden Blick zu. „Nein, du Schlaumeier, ich will meine Oma besuchen. Der geht's nämlich nicht gut, also hör auf, Witze zu machen! Außerdem hat sie an Allerheiligen Geburtstag, und den kann man sich ja bekanntlich nicht aussuchen!"
Konrad schwieg und ich hatte Ruhe. Endlich. Mein Schreibtisch quoll über von Fallakten, die alle dringend bearbeitet oder zumindest gesichtet werden mussten. Seit einem guten Jahr arbeitete ich in der Anwaltskanzlei Böhme & Lauter. Den Job zu bekommen, war ein echter Glücksfall gewesen. Konrad Becker war schon zwei Jahre länger da und ließ mich das bei jeder sich bietenden Gelegenheit spüren. Nichtsdestotrotz schaffte er jeden Tag einen pünktlichen Feierabend – im Gegensatz zu mir. So auch heute: Konrad stürmte davon, und ich fuhr fort, meinen Schreibtisch aufzuräumen. Für den Abend hatte ich eine Verabredung mit ein paar Freundinnen zum Essen, doch ich wollte mich frühzeitig verabschieden, um für die Fahrt ausgeruht zu sein. Leider ging mein Plan nicht auf, wir verplauderten uns so heftig, dass ich erst weit nach Mitternacht ins Bett fiel. Und zwei Cocktails hatte ich auch noch gehabt. Ich schlief jedenfalls prächtig, wenngleich zu kurz. Als der Wecker mich aus meinen süßen Träumen riss, war es draußen noch stockfinster. Beim Aufstehen ging es mir noch ganz gut, doch den Muntermacherkaffee hätte ich besser weggelassen. Anstatt dass ich munter wurde, fühlte ich mich danach erst recht matt und kaputt. Die

Der Wunsch unseres Schutzengels, uns zu helfen,
ist weit größer als unser Wunsch,
uns von ihm helfen zu lassen.

Don Bosco

Aussicht, mich jetzt hinters Steuer zu setzen und ein paar hundert Kilometer auf der Autobahn runterzureiten, tat ihr Übriges. Ich warf mir mein graues Kleid über. Darin fühlte ich mich zwar irgendwie angestaubt, aber Oma gefiel es besonders gut. Da mein Magen sich doch recht flau anfühlte, gönnte ich mir ein ordentliches Frühstück: Toast, Spiegelei und einen aufgebackenen Quarkplunder. Anschließend fühlte ich mich für die lange Fahrt gerüstet. Schnell schickte ich Oma, die immer gern wusste, wann ich mich auf den Weg machte, eine SMS, dass ich im Anmarsch war. Oma war zwar schon etwas betagt, doch ihr Handy konnte sie bedienen. Fast besser als meine Mutter, wie ich ihr neulich erst grinsend unter die Nase gerieben hatte. Mama stand mit jeder Art von moderner Technik eben auf Kriegsfuß, anders als Oma. Das Geschenk für sie hatte ich längst im Wagen. Ich schnappte mir den Strauß Winterastern – in pastell-rosa, die liebte sie nämlich am meisten – sowie meine Reisetasche und verließ meine Wohnung. Ich fuhr mit dem Lift in die Tiefgarage, warf meine Tasche in den Kofferraum meines Geländewagens und fuhr los, immer Richtung Süden in den neuen Tag hinein. Zu dieser Zeit waren die Straßen noch wie ausgestorben, und ich genoss die Fahrt. Allerdings nicht sehr lange, denn als ich mich der Auffahrt der Autobahn näherte, beschlich mich ein ungutes Gefühl. Ich fühlte mich plötzlich schwach und zittrig, und mein Frühstück lag mir wie ein Stein im Magen. Die Eier waren selbstverständlich frisch gewesen, daran konnte es nicht liegen. Vielleicht lag es am Kaffee, dachte ich. Normalerweise trank ich morgens nur eine Tasse, aber heute hatte ich mir insgesamt gleich drei genehmigt. Vielleicht doch etwas zu viel Koffein? In Verbindung mit dem Alkohol vom Vorabend und zu wenig Schlaf ganz sicher keine Kombination, die dem Wohlbefinden zuträglich war. Ich öffnete das Fenster einen Spalt, gerade so viel, dass mich der Zugwind beim Fahren nicht störte. Es war empfindlich kalt geworden. Die frische Luft tat mir gut, zumindest für den Moment. Ich zwang meine Gedanken zurück auf die Straße. Noch war wenig Verkehr, doch schon bald würde der Berufsverkehr einsetzen und dann brauchte ich die volle Konzentration. Doch das seltsame Gefühl in meiner Magengegend ließ sich durch frische Luft allein leider nicht vertreiben. Ich atmete tief durch. Mein Herz schlug bis zum Hals und das Klopfen wurde von Sekunde zu Sekunde heftiger. Irgendwas war nicht in Ordnung, das spürte ich ganz deutlich, allein ich konnte es nicht ausmachen. Litt ich vielleicht an einer Lebensmittelvergiftung? Ich drosselte das Tempo. Nun fühlte ich mich zwar etwas sicherer, aber besser ging es mir dadurch nicht. Da mein Hals ganz trocken war, griff ich zu der

Wasserflasche, die ich parat gestellt hatte. An der nächsten roten Ampel, es war weit und breit kein anderes Auto zu sehen, nahm ich einen kleinen Schluck. Das Wasser brannte wie Feuer in meiner Kehle. Was war nur los mit mir? Dieses seltsame Gefühl wurde immer stärker, ohne dass ich ihm eine Ursache zuordnen konnte.

„Oh nein", murmelte ich. Dies fühlte sich an wie die Vorzeichen einer der verheerenden Panikattacken, unter denen ich als Teenager gelitten hatte.

„Du somatisierst es, Alexandra", hatte damals unser Hausarzt, der fast wie ein Onkel für mich war, erklärt. „Deshalb wird dir schlecht, es ist der Stress, der sich in deinem Magen niederschlägt." Damals hatte er mir ein leichtes pflanzliches Beruhigungsmittel und Entspannungsübungen verordnet, mit deren Hilfe ich die beängstigenden Beschwerden nach einer Weile gut in den Griff bekommen hatte. Der Stress, von dem der gute Doktor Weller sprach, war hausgemacht. Ich wollte mich durch Leistung hervortun, und eine Zwei im Zeugnis war schon eine Niederlage für mich. Das Leistungsstreben hatte ich von meinem Vater, der von seiner Arbeit als Steuerberater regelrecht aufgefressen wurde, und das war durchaus wörtlich zu nehmen, denn er litt unter Magengeschwüren. Warum dachte ich gerade jetzt an die gesundheitlichen Probleme in meiner Familie? Gut, Oma litt neuerdings an einer Herzschwäche, doch immerhin feierte sie morgen ihren vierundachtzigsten Geburtstag. Obwohl sie sich oft ausruhen musste, war ich doch genau wie der Rest der Familie davon überzeugt, dass sie noch einige Jahre vor sich hatte, Herzschwäche oder nicht. Sie musste es eben langsamer angehen lassen, was bei ihrem Temperament leichter klang, als es war. Oma und ich hatten immer schon ein ganz besonderes Verhältnis zueinander gehabt. Ich war das mit Abstand jüngste Enkelkind. Und ich war nach drei Jungen ein Mädchen! Früher war ich fast jeden Tag bei ihr gewesen. Das hatte sich erst geändert, als ich nach dem Abitur zum Jurastudium in den Norden der Republik gezogen war.

Plötzlich wurde mir schwindlig. So passiert das, dachte ich. Wenn man hinterher in der Zeitung liest, jemand habe aus ungeklärter Ursache die Kontrolle über seinen Wagen verloren. Jetzt weiß ich es. Ich ging vom Gas und zwang mich dazu, ruhig und besonnen zu handeln, schaute in den Rückspiegel, nur um sicher zu sein, dass die Straße hinter mir wirklich frei war. Dann fuhr ich rechts auf den Standstreifen. So konnte ich auf keinen Fall noch fünf Stunden weiterfahren, ohne mich selbst und andere zu gefährden! Ich war ja noch nicht mal auf der Autobahn! Ich atmete tief durch und horchte genau in mich hinein. Doch ich konnte die Ursache meines Unwohlseins einfach nicht ausmachen. Alles um mich herum wirkte verzerrt, als befände ich mich in einem Spiegelkabinett. Ich fühlte mich getrieben, unruhig, nervös, ganz so, als würde etwas in der Luft liegen. Nein, entschied ich, so wurde das nichts. Zumal jetzt der Verkehr zunahm. Schließlich gelang es mir, mich wieder einigermaßen unter Kontrolle zu bekommen. Ich schaute mich selbst im Rückspiegel an. Mein Gesicht sah schrecklich aus. Weiß wie Papier und mit großen, verängstigten Augen, die von dunklen Rändern umgeben waren. Der Impuls, wieder zurückzufahren, überkam mich mit erstaunlicher Stärke. Plötzlich wollte ich nur noch heim und mich in meiner Wohnung verkriechen. Vielleicht hatte ich mir wirklich etwas eingefangen, einen Virus vielleicht, und dies waren die Signale meines Unterbewusstseins, die mich in Sicherheit bringen wollten. Der Gedanke zurückzufahren, erfüllte mich mit Erleichterung. Ja, überlegte ich weiter, ich würde Oma einfach anrufen und ihr erklären, dass ich über Nacht krank geworden war. Meine Nerven beruhigten sich. Oma würde das verstehen. Andererseits fühlte ich mich auch wie ein Simulant. Ich hatte objektiv betrachtet rein gar nichts. Wenn ich genauer drüber nachdachte, kam ich mir vor wie eine ausgemachte Närrin. Was sollte ich nur tun?

Während der morgendliche Berufsverkehr einsetzte, saß ich immer noch regungslos und mit mir und der Welt im Unreinen in meinem Wagen. Die Warnblinkanlage blinkte vor sich hin und ich spürte die neugierigen Blicke der Vorbeifahrenden. Merkwürdigerweise beruhigte ich mich durch das bloße Nichtstun keineswegs. Im Gegenteil, je mehr Zeit verging, desto unruhiger wurde ich. Nicht nur, weil ich immer mehr Zeit verlor – ich hätte schon deutlich weiter sein können. Und Oma wartete schließlich! Wollte ich mir wirklich von diffusen Gefühlen den Tag verderben zu lassen? Mir fehlte nichts, redete ich mir ein. Okay, ich hatte wenig geschlafen, das war es aber auch schon. Stress hatte ich schließlich immer, der konnte nicht dafür verantwortlich sein. Und die zwei Cocktails gestern Abend waren objektiv betrachtet harmlos. Noch einen Moment Ruhe, sagte ich mir und schloss die Augen. Plötzlich stieg mir der Duft von Kölnisch Wasser, das Oma so liebte, in die Nase. So intensiv, als säße sie neben mir auf dem Beifahrersitz. Vor meinem geistigen Auge sah ich ihr liebes Gesicht. Sie wirkte besorgt, tief besorgt. Sie runzelte die Stirn. Dann hob sie die Hände und machte eine Geste, als wollte sie mich zurückweisen, mir bedeuten, dass ich mich ihr auf keinen Fall nähern sollte. „Fahr zurück!", hörte ich ihre Stimme eindringlich sagen. „Schnell! Jetzt gleich! Bevor es zu spät ist!"

Mit einem Ruck wachte ich auf. Was war das? Ich musste wohl für ein paar Sekunden eingeschlafen sein. Der Wagen roch nach Plastik und meinem Parfüm, aber nicht nach Omas Kölnisch Wasser. Kurz rang ich mit mir; es war so absolut unvernünftig, ja völlig irrational, wieder nach Hause zu fahren. Mein Blick fiel auf die Christophorus-Plakette mit dem Schutzheiligen der Reisenden, die Oma mir vor Jahren geschenkt hatte und die seither am Rückspiegel hing. Dann drehte ich entschlossen den Schlüssel im Zündschloss und fuhr zurück, egal wie albern das vielleicht war. Mein Puls beruhigte sich, als ich mich im Verkehr

einfach mittreiben ließ. Und kurz darauf fiel mir auf, dass ich mich besser fühlte. Irgendwie erleichtert. Ich war irritiert. Was sollte das denn? Ich horchte weiter in mich hinein, ja, dieses Gefühl verstärkte sich. Ich fühlte mich sicherer.
Als ich eine gute halbe Stunde später zu Hause ankam, war es bereits hell geworden, der Morgennebel hatte sich aufgelöst und die Sonne stand tief und tauchte dadurch alles in ein diffuses, weiches Licht. Ein herrlicher Spätherbsttag stand bevor. Als ich meine Wohnung betrat, war alles wie immer. Kopfschüttelnd beschloss ich, mir einen Kaffee zu machen und mir dann zu überlegen, wie ich das Oma am besten erklären sollte. Anlügen wollte ich sie natürlich nicht, das hätte sie mir sowieso angemerkt. Als ich die Tür zur Küche öffnete, spürte ich die Hitze sofort. Und in meinem Kopf gingen sämtliche Alarmglocken an, denn normalerweise heize ich in der Küche nur, wenn die Außentemperatur in den zweistelligen Minusbereich abrutschte. Und davon konnte wahrlich keine Rede sein. Mein nächster Blick fiel auf den Herd – und mir blieb fast das Herz stehen! Die große rechte Herdplatte leuchtete glutrot, der Schalter zeigte die höchste Stufe an. Oberhalb des Herds flimmerte die Luft wie in einer Fata Morgana, nicht mehr lange und das Resopal der Hängeschränke würde erste Blasen werfen und dann zu brennen anfangen! Mein Gott, meine Küche war im Begriff abzubrennen! Jetzt endlich setzte ich mich in Bewegung. Mit einem Satz war ich beim Herd und schaltete ihn ab, dann riss ich das Fenster auf. Kühle Luft schlug mir entgegen. Warum, überlegte ich, war diese Herdplatte nur an gewesen? Na klar, fiel es mir wie Schuppen von den Augen: Meine Frühstücksorgie mit Spiegelei! Ich muss in meiner Schusseligkeit vergessen haben, die Herdplatte auszuschalten. Meine Güte! Nun zitterten mir die Knie erst recht. Ich schleppte mich ins Wohnzimmer, wo ich mich in meinen Lieblingssessel plumpsen ließ. Oma fiel mir wieder ein. Ich musste sie anrufen! Ich zögerte einen Moment.

Der Gedanke daran, jetzt noch mal loszufahren, fühlte sich gar nicht mal schlecht an.

Ich rief Oma nicht an. Stattdessen verließ ich – nachdem ich jede Ecke meiner Wohnung gründlich inspiziert hatte – beschwingt meine Wohnung, stieg in den Wagen und fuhr los. Es fühlte sich alles ganz normal an. Kein komisches Gefühl, keine Ausfälle körperlicher Art, keine blöden Gedanken. Ich konnte mich ohne Schwierigkeiten auf den Verkehr konzentrieren und war selbst überrascht, wie gut ich zur Autobahn durchkam.

Die Fahrt verlief ohne weitere Zwischenfälle, und dann parkte ich endlich vor dem kleinen Häuschen meiner Oma. Sie stand schon auf der Vortreppe und erwartete mich mit einem strahlenden Lächeln. Wie immer in ihre mausgraue, übergroße Strickjacke gehüllt.

„Du bist die Erste, Alexandra!", rief sie. „Die anderen kommen erst morgen, zur Geburtstagsfeier. So haben wir noch den ganzen Nachmittag und Abend für uns allein!"

Ich umarmte sie und mir fiel auf, wie zerbrechlich sie geworden war. Doch ihre Augen strahlten den gleichen Elan und dieselbe Energie aus, die ich von ihr kannte. So gesehen hatte sie sich kein bisschen verändert.

„Ich hatte früher mit dir gerechnet, mein Schatz!", sagte sie später, als sie mir drei Stückchen Schokoladenpudding-Kuchen auf den Teller lud. „Dein Lieblingskuchen, iss mein Kind! Ich habe ihn extra für dich gebacken!"

Bei Oma hatten Diäten echt keine Chance. Als ich ihr nicht gleich antwortete, sagte sie: „Du weißt doch, ich mache mir immer Sorgen, wenn du oder ein anderes Familienmitglied unterwegs ist, ob per Auto, Flugzeug oder Schiff."

„Also ... ich musste noch einmal zurückfahren, weil ich etwas vergessen hatte", setzte ich zu einer Erklärung an und überlegte, wie viel von dem Erlebten ich wirklich preisgeben wollte. Omas Blick riss meine Vorbehalte jedoch nieder, alles sprudelte

aus mir heraus: Wie mich erst ein schlechtes Gefühl beschlichen hatte, das mit jedem Kilometer schlimmer wurde, wie ich angehalten und versucht hatte, mich zu entspannen. Ich erzählte ihr von dem merkwürdigen Mini-Traum und von dem, was sich derweilen in meiner Wohnung abgespielt haben musste.
„Ich habe dich fast körperlich neben mir gespürt im Auto!", versicherte ich ihr.
„Ja", sagte Oma schließlich, als ich mit meinem Bericht fertig war. „Das wundert mich nicht, Alexandra. Du erinnerst dich doch bestimmt, dass ich immer bete, wenn ich weiß, dass einer von euch unterwegs ist. Deshalb möchte ich auch immer, dass du mir sagst, wenn du losfährst! Es kann ja nicht schaden, wenn ich deinem Schutzengel einen Hinweis gebe, dass er dich gefälligst nicht aus den Augen lassen soll." Oma kniff mir liebevoll in die Wange. „Hör auf, dich über dich selbst zu ärgern. Sieh es mal so, meine Gebete haben geholfen!"
„Ja, das haben sie", stimmte ich ihr zu und versuchte mir vorzustellen, wie Oma meinen Schutzengel in die Spur schickte. Was täte ich ohne sie!

Mein Schutzengel schickt mir einen Punk

„Sogar bei der Kälte hängen sie da draußen rum", klagte Frau Brettschneider. „Und das mit den Hunden, die frieren doch auch!" Sie schaute mich so vorwurfsvoll an, als könne ich das irgendwie ändern.
„Nun sagen Sie doch auch mal was dazu, Herr Klinger", forderte mich Liselotte Stern auf.
„Es ist eben ihr Treffpunkt, da kann man auch nichts machen!", antwortete ich lahm. Diese jungen Leute mit ihren kunterbunten Stachelfrisuren und den ganzen Tätowierungen waren mir auch irgendwie suspekt. Dazu hatten sie noch überall Ringe im Gesicht, nicht nur in den Ohrläppchen, wie man es mittlerweile ja auch von jungen Männern gewohnt war, nein, in den Lippen, in der Nase und sogar durch die Augenbrauen! Elisabeth, meine verstorbene Frau, hatte sich immer gefragt, ob das nicht wehtat! Ich seufzte unhörbar auf. Elisabeth! Seit sie vor knapp einem Jahr gestorben war, kurz nach den Weihnachtsfeiertagen, war nichts mehr wie zuvor. Das Leben hatte für mich jeden Reiz verloren. Dabei hatte sie einen schönen Tod, darüber freuten sich alle! Sie war abends einfach eingeschlafen und morgens nicht mehr aufgewacht, mit knapp vierundachtzig Jahren. Im Gegensatz zu den anderen konnte ich dem aber keine Freude abgewinnen. Sie fehlte mir! Wir waren sechzig Jahre verheiratet gewesen, ein Unfall in den Siebzigern hatte uns den Sohn genommen. Wir hatten uns immer damit getröstet, dass wir einander haben und ihn irgendwann im Himmel wiedersehen würden. Auf den Gedan-

ken, dass Elisabeth ihn zuerst alleine wiedersehen könnte, bin ich nie gekommen. Nun saß ich hier, in der Seniorenresidenz „Goldener Anker" und wartete darauf, ihr zu folgen. Während ich an Elisabeth dachte, schwadronierte Erna Brettschneider weiter über die jungen Leute gegenüber.

„Ich habe noch gar keinen Anker gesehen!", hatte Elisabeth angemerkt, als wir hier eingezogen waren. „Vielleicht ist das auch eher symbolisch gemeint?" Der Schalk hatte ihr in den Augen gesessen und ich hatte wirklich kurz davor gestanden, eine der netten Schwestern danach zu fragen.

„Herr Klinger!", dröhnte es mir plötzlich in den Ohren. „Nun sagen Sie doch auch mal was!"

Ich riss mich zusammen und versuchte, der Unterhaltung zu folgen, die sich immer noch um die jungen Leute da draußen drehte.

„Ja, mein Gott, dann lasst sie eben!", brummte ich.

„Früher hätte es so was nicht gegeben!", ereiferte sich Liselotte Stern wieder. „Früher hätte man sie arbeiten geschickt! Früher ..."

„Ja, ja, früher war alles besser!", knurrte ich und erhob mich. „Ich empfehle mich, meine Damen!", sagte ich und marschierte in mein Zimmer zurück. Seit Elisabeths Tod wohnte ich hier allein. Und mit siebenundachtzig hat man auch nicht mehr viele Freunde. Ich hatte noch einen: Fritz! Er lebte auch im Heim, aber auf der Pflegestation. Seit einem Schlaganfall vor zwei Jahren ging fast nichts mehr. Manchmal hievte eine der Schwestern ihn noch in den Rollstuhl, die meiste Zeit über lag er im Bett. Zum Glück war geistig nichts zurückgeblieben, sodass wir trefflich in Erinnerungen schwelgen konnten. Im Zimmer hielt es mich nicht lange, ich brauchte Bewegung. Unsere Seniorenresidenz, das Wort „Altersheim" hörte man hier nicht so gerne, war ein anheimelndes vierflügeliges Sandsteingebäude, das inmitten ausgedehnter Grünflächen lag. Hier gab es auch einen alten Baumbestand, hauptsächlich Eichen und Ahorne, die unter Naturschutz standen. Ein Teil der Grünflächen war als Hundespielwiese deklariert, und oft erfreuten sich die Senioren daran, die Kapriolen der Vierbeiner zu beobachten, wie sie Bälle und Frisbees aus der Luft fingen oder Stöckchen apportierten.

Alles in allem war dies ein ruhiges, malerisches Plätzchen, wären da nicht diese Punks gewesen. Sie lungerten den ganzen Tag lang um den Kiosk herum, tranken Bier und grölten herum. Ihre großen Hunde ließen sie ohne Leine herumlaufen, und das außerhalb der Hundespielwiese! Eigentlich mochte ich Hunde wirklich gern, ich liebte es, ihnen beim Spielen zuzusehen, doch diese Exemplare waren mir nicht ganz geheuer. Diese Punks hatten die Hunde mit Sicherheit nicht so erzogen, wie Elisabeth und ich das einst bei unserem Foxi getan hatten. Der wäre nie auf den Gedanken gekommen, an einem Fremden hochzuspringen, auch hatte er sich nie so gebärdet. Foxi – dachte ich wehmütig, der war nun auch schon wieder gut dreißig Jahre tot. Mein Gott, wie die Zeit verging.

„Man ist sich seines Lebens nicht mehr sicher", riss mich Karl Waldenstein in seiner schleppenden Sprechweise aus den Gedanken. Ich hatte ihn gar nicht kommen gehört. Und er war nicht allein!

„Da haben Sie recht", meinte Maria Wagner, die Waldenstein auf Schritt und Tritt folgte. „Man weiß ja nie ... am Schluss überfallen sie einen noch. Da bleibe ich doch lieber im Haus oder im Innenhof."

„Ich vermisse meine Spaziergänge zum Kiosk und zurück schon sehr", sagte Waldenstein. „Die Rückseite ist zu steil, das schaffe ich nicht mehr. Der Westhang war gerade ideal dafür, nur eine flache Steigung zurück zum Heim, aber was soll's. Wir können es nicht ändern."

„Aber das sind doch nur arbeitsscheue Individuen!", erei-

Wer einen Engel zum Freund hat,
braucht die ganze Welt nicht mehr zu fürchten.

Martin Luther

ferte sich Frau Wagner. „Und den ganzen Tag Bier trinken, natürlich auf Kosten des Steuerzahlers. Von den Hunden einmal ganz abgesehen. Haben die überhaupt Steuermarken?" Ich ging weiter, Richtung Speisesaal, denn eben ertönte der Gong. Damit fand das Thema sein natürliches Ende.

Nach dem Mittagessen setzte ich mich ans Fenster und sah hinaus. Jedes Jahr blieb der Kiosk, ein kleines Betonhäuschen, das der Stadt gehörte und an den Betreiber verpachtet war, von Ende Oktober bis Mitte April geschlossen. Das hielt jedoch die Punks nicht davon ab, weiterhin dort herumzulungern und Krach zu machen. Es gab einen Riesenaufstand, als eines Morgen sämtliche Wände mit Graffiti bedeckt waren. Jemand hatte sogar die Polizei gerufen, die auch brav alle Leute befragte. Sogar zu mir waren sie gekommen und wollten wissen, ob mir in der Nacht was aufgefallen war. War es natürlich nicht! Wie denn auch? Schließlich hatte ich im Bett gelegen! Dass ich doch hin und wieder lieber aus dem Fenster schaute, als den Fernsehapparat einzuschalten, behielt ich lieber für mich. Den jungen Leuten und vor allem ihren Hunden beim Herumtoben zuzusehen, erinnerte mich an Foxi und damit eine Zeit, in der alles noch in Ordnung war. Damals hatten Elisabeth und ich noch so viele Jahre vor uns! Was jene Nacht betraf, war mein Gewissen aber rein! Ich hatte tatsächlich geschlafen.

Nach dem Abendessen setzte ich mich ans Fenster, stellte mir das Radio ein und schaute nach draußen. Es gab wieder richtig was zu sehen! Sie machten eine Art Lagerfeuer, das zuerst nicht richtig brennen wollte, sondern nur so vor sich hin qualmte, weil die Äste, die sie gesammelt hatten, viel zu feucht waren. Dann schüttete einer den Inhalt einer Flasche ins Feuer, vermutlich Spiritus oder ein Grillanzünder, und auf einmal schoss eine fulminante Stichflamme in die Höhe und setzte prompt die Baumkrone einer Linde in Brand, woraufhin der Pförtner der Seniorenresidenz die Feuerwehr alarmierte. Die Feuerwehr erschien, als gerade der letzte der Punks um die Ecke entwischte. Schnell war der Brand gelöscht und die Feuerwehr rückte wieder ab. Auf eine polizeiliche Untersuchung wurde wohl dieses Mal verzichtet, jedenfalls kam kein Beamter vorbei, um mich zu befragen. Dafür wurde das Thema noch tagelang im Hause diskutiert.

„Hoffentlich lassen die asozialen Bengels sich das eine Warnung sein!", schimpfte Frau Wagner. „Vielleicht suchen sie sich jetzt endlich einen anderen Platz, wo sie ihr Unwesen treiben können. Wir sind lange genug von dem Pack terrorisiert worden!" Damit knallte sie ihren Gehstock auf den Fliesenboden. Die umstehenden Bewohner murmelten ihre Zustimmung. Insgeheim wünschte sich wohl jeder, das Ärgernis möge einfach verschwinden, so dass die alten Leute, viele von ihnen vormals Stammkunden des Kioskes, die jetzt aus Angst vor Pöbeleien wegblieben, wieder ungestört auf dem gesamten Areal spazierengehen konnten.
Am Morgen nach dem Brand jedoch waren sie wieder da und mit ihnen Krach, Bierflaschen, Gegröle und unangeleint herumrennende Hunde.
Ich hielt mich aus den ganzen Diskussionen raus. Dann und wann besuchte ich Fritz und schlug mich ansonsten mit dem Problem herum, dass mein Wasserkocher vor einigen Wochen seinen Dienst quittiert hatte. Für die Schwestern kein Problem: „Kaufen Sie sich doch einfach einen neuen, wir lassen ihn prüfen, dann bekommt er eine Sicherheitsplakette und alles ist in Ordnung!", versprach mir die kleine Lernschwester mit dem hübschen französischen Namen. Vivien, wirklich sehr nett, wenngleich sie nicht aus Frankreich kam und einen ausgeprägten sächsischen Dialekt sprach.
Doch ich wollte keinen neuen Wasserkocher kaufen! Unseren hatten Elisabeth und ich noch zusammen gekauft, sie hatte ihn ausgesucht und ich erinnerte mich noch genau daran, wie lange sie gebraucht hatte, um sich zu entscheiden. Nein, ich konnte mich nicht davon trennen. Also nutzte ich mein Halbwissen in Elektrik, ich hatte früher immer mal einem Bekannten beim Verlegen von Leitungen geholfen, zu DDR-Zeiten mussten wir uns eben alle gegenseitig unterstützen, und reparierte das Teil zumindest so weit, dass ich damit Wasser

kochen konnte. Nur die Stopp-Automatik bekam ich nicht hin, aber die war mir auch nicht sehr wichtig. Ich kochte mir abends meinen Tee und passte auf, dass mich keine Schwester dabei erwischte.

Es war in der ersten Dezemberwoche als ich nachts unsanft aus dem Bett gerissen wurde. Die Rauchmelder, die in jedem Zimmer sowie den Fluren und Gemeinschaftsräumen an die Decken montiert waren, schrillten alle auf einmal, so laut, dass sogar die sehr schwerhörigen Bewohner der Seniorenresidenz aus dem Schlaf aufgeschreckt wurden. Natürlich hatte es schon Brandschutzübungen gegeben, an denen hatte ich auch teilgenommen, doch nun war alles weg: Die Sirenen verwirrten mich, dazu das Geschrei, und aufgrund der Tatsache, dass ich mitten aus einem Traum gerissen wurde, stürzte ich im Schlafanzug aus meinem Zimmer. Ich hatte nicht einmal daran gedacht, meine Brille aufzusetzen, so irrte ich nur wenig sehend durch die Flure und durch die immer dichter werdenden Rauchschwaden. Irgendwo musste dieser verfluchte Ausgang doch sein! Der Qualm machte das Atmen schwer. Lief ich vielleicht in die falsche Richtung? Ich zwang mich zur Ruhe und versuchte krampfhaft, mich zu orientieren und zu erinnern.

Wie war es noch gewesen? Hatten wir nun Richtung Treppenhaus oder Richtung Lift gehen sollen? Nein, fiel mir ein, die Fahrstühle durften im Brandfall ja gar nicht benutzt werden. Ich blieb stehen – ich hatte keine Ahnung, wo ich war! Und der Qualm wurde immer dichter! Am liebsten hätte ich mich in eine Ecke gesetzt und wäre einfach sitzen geblieben. Dann wäre ich vielleicht, so durchzuckte mich ein hässlicher Gedanke, schon bald bei meiner Elisabeth. Doch ich rannte tapfer weiter, denn wie hatte Elisabeth immer gesagt? Man durfte dem Herrgott nicht ins Handwerk pfuschen! Tränen schossen mir in die Augen, weniger wegen dem Qualm, mehr der Erinnerung wegen. Elisabeth und ich hatten, bevor wir ins Altenheim übergesiedelt waren, eine Kreuzfahrt gemacht. Und auf dem Schiff gab es auch eine Feuerübung. Wir hatten uns jedenfalls heillos verlaufen, den Treffpunkt fanden wir nie, aber als Elisabeth dann, vom Schalk getrieben, ihre Schwimmweste ausprobierte und damit in den Pool sprang – mit fast fünfundsiebzig damals, das musste man sich mal vorstellen – hatten wir jede Menge Spaß! Plötzlich wurde ich grob am Arm gepackt und vorwärts gezerrt. Vage erkannte ich den Umriss eines jungen Mannes. „Los, schnell!", feuerte er mich an und zerrte mich weiter. Ich lief, schnaufte und lief weiter bis ich letztendlich im Freien ankam. Ich atmete tief und torkelte ein Stück vorwärts, nur weg, hämmerte es in meinem Kopf, bevor das ganze Haus niederkracht. Hätte ich mich umgedreht, wäre mir schnell klar geworden, dass diese Gefahr zu keiner Zeit bestand, doch ich drehte mich nicht um, ich hustete, röchelte, atmete schwer – und torkelte einfach weiter.

„Kommen Sie, setzen Sie sich!", hörte ich eine unbekannte Stimme. Die Hand, die mich die ganze Zeit fest umklammert hielt, ließ mich los. „Geht es?", fragte die Stimme. Meine Augen tränten, zudem erkannte ich ohne Brille sowieso nicht viel.

Trotzdem versuchte ich zu nicken.

„Vielleicht wollen Sie ja einen Schluck?", fragte die Stimme. Sie war jung und ich war sicher, sie nie zuvor gehört zu haben. Außerdem war da noch was. Leider waren meine Ohren auch nicht mehr die besten. Auf jeden Fall spürte ich irgendwas weiter unten in Bodennähe. Lag da jemand? Mein Herz tat einen Sprung.

„Troll! Lass das!", sagte die Stimme und drückte mir eine Glasflasche in die Hand. „Ist ein Bier, Wasser hab ich gerade nicht. Nehmen Sie mal einen Schluck!"

Man weiß erst,
ob man einem Engel ins Gesicht gesehen hat,
wenn er wieder gegangen ist.

Jüdische Weisheit

Ich setzte die Flasche an, dann fiel es mir ein: Das da unten war ein Hund! Endlich lichtete sich der Tränenschleier vor meinen Augen. Ein Kopf mit rotem Hahnenkamm beugte sich vor mir gerade zu Boden. Aus der Nähe betrachtet war der junge Mann eher ein Junge als ein Mann. Wie alt mochte er sein, überlegte ich. Siebzehn? Höchstens achtzehn. Ich schaute nach unten. Der „Troll" genannte Schäferhund hechelte mich freundlich an.
„Ich hatte auch mal einen!", murmelte ich und strich ihm sanft über den Kopf. „Der hieß Foxi. Ist aber schon eine Weile her!"
„Ich bin Timo!", stellte sich der junge Mann mit dem roten Hahnenkamm vor. Er hatte ein paar Ringe durch die Nase und einen Stecker in der Oberlippe.

„Tut das eigentlich weh?", fragte ich.
Er grinste. „Nee, jetzt nicht mehr. Frierst du, Opa?"
Opa hatte mich noch nie jemand genannt. Zumindest nicht mehr seit ... ich nickte. Ohne weiter zu fragen, legte er mir seine Jacke über die Schultern und drückte mir einen Schokoriegel in die Hand.
„Hier, was Süßes auf den Schreck!", sagte er. „Und wenn du noch ein Bier willst, sag Bescheid!"
Ich nickte, während sich Troll mir zu Füßen niederließ. Sein Hecheln, das Bier, das langsam eine wohlige Wärme in meinem Bauch auslöste – ich fühlte mich fast schon wohl. Gemeinsam beobachteten wir, wie die Feuerwehr ihren Einsatz beendete.
„Du kannst sicher bald wieder in dein Zimmer zurück!"
Ohne große Worte nahm Timo meine Hand und führte mich Richtung Heim. Ich hätte es natürlich nicht zugegeben, aber allein wäre ich keine drei Meter weit gekommen, so zitterten mir die Knie. Timo brachte mich direkt zu einer der Schwestern. „Er muss dringend ins Warme!", sagte er und dann, ehe ich mich verabschieden oder einen anderen klaren Gedanken fassen konnte, war er verschwunden.

Die Schwestern wollten auf Nummer sicher gehen, deshalb ließen sie mich ins Krankenhaus bringen. Obwohl ich das eigentlich nicht wollte. Dort stellte man eine leichte Rauchvergiftung fest. Als meine Gedanken sich sortiert hatten, fiel es mir wieder ein: Der Wasserkocher! Hatte ich womöglich den Brand ausgelöst? Mir wurde zwar erzählt, dass niemand ernsthaft zu Schaden gekommen war, aber ein paar Zimmer wären wohl unbewohnbar. Mehr konnte ich der Schwester nicht entlocken. Ich hatte Tee machen wollen, soweit wusste ich es noch. Aber hatte ich ihn auch aufgegossen? Verflixt! Ich erinnerte mich einfach nicht daran! Da er nicht mehr allein ausging, stand zu befürchten, dass er zu schmoren anfangen und dann vielleicht einen Brand verursachen konnte. Wenn das herauskam, so meine Befürchtung, würde man mich für völlig senil halten und vielleicht irgendwohin wegsperren! Ich hielt es vor Spannung kaum aus, also entließ ich mich kurzerhand selbst aus dem Krankenhaus. Besser, ich kam ihnen zuvor. Was machte es schon, dass ich keinen Wintermantel dabei hatte? Ich hatte ja immer noch die Lederjacke von diesem Timo! Ich lief ein wenig orientierungslos durch die Straßen und landete im Stadtpark. Plötzlich hörte ich ein Jaulen.

„Ja, wen haben wir denn da?", fragte ich und strich Troll über den Kopf. Er sprang an mir hoch und hechelte aufgeregt.

„Mensch, Opa, ich dachte, du bist im Krankenhaus?", hörte ich Timo sagen. „Ich hab zwar niemandem gefragt, aber gehört, wie die anderen geredet haben!"

Mein fragender Blick erheiterte ihn. „Hey, ihr redet so laut, wenn ihr draußen spazieren geht, da verstehe ich jedes Wort! Ihr müsst mal eure Hörgeräte überprüfen!"

„Ich habe keins!", stellte ich klar. „Und Elisabeth sagte immer, dass ich höre wie ein Luchs!"

„Elisabeth?", fragte Timo. Ich winkte ab und er nickte. „Verstehe", murmelte er. „Ist hart, was?" Nun nickte ich.

Plötzlich blieb Timo stehen. „Sag mal, aber du bist nicht aus der Klinik getürmt, oder?"

Schuldbewusst schaute ich zu Boden.

„Warum das denn?", fragte er.

Warum ich ihm plötzlich alles erzählte, weiß ich auch nicht. Vielleicht musste das alles mal raus. Er hörte mir zu, ohne mich zu unterbrechen. Erst als ich fertig war, sagte er: „Die sperren dich nicht weg. Der Brand wurde durch eine defekte Heizdecke ausgelöst! Stand in der Zeitung."

„Wirklich?", fragte ich erleichtert.

Timo nickte. „Klar, Mann, sehe ich aus, als ob ich lügen würde?"

„Nein", stellte ich lachend fest. „So siehst du wirklich nicht aus. Sag mal, diese ganzen Tätowierungen und Ringe da ...", ich zeigte auf seine Oberlippe.
„Piercing!", erklärte er mir und ich nickte.
„Ja, dieses Zeug da, sag mal, tut das nicht weh?"
Nun lachte Timo: „Ey, Opa, das hast du mich gestern schon mal gefragt." Der Bann war nun endgültig gebrochen und ich erfuhr, dass er aus recht normalen Verhältnissen stammt.
„Nicht alle Punker sind obdachlos!", erklärte er mir. „Ich wohne bei Freunden."
Insgeheim hatte ich meine Meinung längst geändert. Auch wenn Timo äußerlich ziemlich abenteuerlich aussah und ganz offensichtlich ein Problem damit hatte, Perspektiven für sein Leben zu entwickeln, so ganz versagt hatten seine Eltern in ihrer Erziehung keineswegs. Das Herz, so viel stand fest, hatte er jedenfalls am richtigen Fleck. Dann brachte er mich zum Altenheim, wo uns eine Schwester empfing, die ich noch nie gesehen hatte. Ich sagte ihr meinen Namen und fragte nach dem Schlüssel, denn ich musste meinen wohl in der ganzen Aufregung irgendwo liegen gelassen haben. Und da ich meinen Stock nicht dabei hatte, klammerte ich mich fest an Timo. Troll wartete derweilen brav draußen.
„Ach, Sie lassen sich von Ihrem Enkel bringen, Herr Klinger, das ist aber nett! Wir haben eine neue Schließanlage, weil viele ihre Schlüssel nach dem Alarm nicht wieder gefunden haben. Hier – ihr Schlüssel!"
Ich dankte ihr, und Timo begleitete mich in mein Zimmer.
„Gar nicht schlecht!", stellte er überrascht fest. „Ehrlich, ich hätte gedacht, es ist hier wie im Krankenhaus. Aber es sieht eher aus wie bei meiner Oma!"
Dann klopfte es an der Tür – Erna Brettschneider! Ausgerechnet!
„Ach, Herbert, bist du wieder gesund?", fragte sie. Dann sah sie Timo.

„Oh, du hast Besuch?"
Ihr verwirrter Gesichtsausdruck war einfach herrlich. „Ja", sagte ich grinsend und zeigte auf Timo. „Darf ich vorstellen: Mein Enkel Timo! Den hat mir letzte Nacht mein Schutzengel geschickt."
„Oh, dein Enkel?" Nun war sie verwirrt. Während Timo schwieg und sich tapfer das Lachen verkniff, ahnte ich, was in Ernas Kopf vorging.
„In weniger als einer halben Stunde", prophezeite ich Timo, „weiß das ganze Heim Bescheid!" Dann lachten wir beide.
„Willst du noch einen Spaziergang machen, Opa?", fragte Timo, als wir uns beruhigt hatten. „Troll mag dich nämlich echt gern!"
Ich nickte sofort. Zum allerersten Mal seit fast einem Jahr freute ich mich, am Leben zu sein.

Bildnachweis

Seite 09:	© Weseetheworld / Fotolia
Seite 15:	© famveldman / Fotolia
Seite 21:	© drubig-photo / Fotolia
Seite 32:	© Gorilla / Fotolia
Seite 41:	© LuckyImages / Fotolia
Seite 46:	© agneskantaruk / Fotolia
Seite 55:	© Jeanette Dietl / Fotolia
Seite 64:	© kasparart / Fotolia
Seite 75:	© Elena Schweitzer / Fotolia
Seite 80:	© Claudia Paulussen / Fotolia